Frank Buchholz

Süddeutsche Zeitung Edition

Bibliothek der Köche

Frank Buchholz

Text: Ingo Swoboda
Fotografie: Bernd Grundmann

Süddeutsche Zeitung Edition

Bibliothek der Köche

Sylt
Rostock-Warnemünde
Hamburg
Osnabrück
Hameln
Leipzig
Köln
Bergisch Gladbach
Frankfurt am Main
Stromberg
Mainz
Naurath/Wald
Bayreuth
Nürnberg
Zweibrücken
Herxheim
Stuttgart
München
Tegernsee

RHEIN-MAIN

DIE BIBLIOTHEK DER KÖCHE

1. *Dieter Müller/Nils Henkel* **Bergisches Land**
2. *Johannes King* **Sylt**
3. *Harald Rüssel* **Mosel**
4. *Martin Fauster* **München**
5. *Martin Göschel* **Frankfurt**
6. *Ali Güngörmüs* **Hamburg**
7. *Thomas Kellermann* **Berlin**
8. *Jörg Glauben* **Pfalz**
9. *Eric Menchon* **Köln**
10. *Alexander Herrmann* **Oberfranken**
11. *Frank Buchholz* **Rhein-Main**
12. *Tillmann Hahn* **Mecklenburger Bucht**
13. *Peter Maria Schnurr* **Sachsen**
14. *Bernhard Diers* **Stuttgart**
15. *Michael Fell* **Oberbayern**
16. *Thomas Bühner* **Osnabrücker Land**
17. *Andree Köthe/Yves Ollech* **Mittelfranken**
18. *Karl-Emil Kuntz* **Mittlerer Oberrhein**
19. *Achim Schwekendiek* **Weserbergland**
20. *Johann Lafer* **Hunsrück**

INHALT

INHALT

INHALT

Fleisch

Desserts

INHALT

498
Köln-Düsseldorfer

27

Mitten im alten Ortskern von Gonsenheim liegt das „Restaurant Buchholz“ inklusive der Kochschule „Geschmackswerkstatt“

Frank Buchholz

Gonsenheim gilt vor allem als Geheimtipp für originelle Fastnachtssitzungen mit viel Lokalkolorit, auf der kulinarischen Landkarte war der geschichtsträchtige Mainzer Vorort eher ein weißer Fleck. Das hat sich geändert, seit Frank Buchholz mitten im alten Ortskern sein „Restaurant Buchholz“ inklusive der Kochschule „Geschmackswerkstatt“ eröffnet hat. Damit ist der gebürtige Dortmunder dort angekommen, wo er seine Vorstellung von einer zeitgemäßen Küche nach Lehr- und Wanderjahren durch die deutsche Spitzengastronomie in Eigenregie umsetzen kann. Sein Weg beginnt mitten im Ruhrgebiet. Hier hat man das Herz auf dem rechten Fleck, bringt Dinge ohne Umschweife auf den Punkt und pflegt einen unkomplizierten Umgang miteinander. Diese Charakterzüge begleiten auch Frank Buchholz auf seinem Weg durch die Küchen jener Restaurants, die von ihren Protagonisten Können, Kreativität und Perfektion unter enormem Zeitdruck verlangen. Was das in der konkreten Umsetzung für den Koch bedeutet, davon hat der junge Buchholz keine wirkliche Vorstellung, als er sich im elterlichen Gastronomiebetrieb sein Taschengeld verdient. Das Restaurant in Unna pflegt eine einfache und gute Küche und aus dem holzbetriebenen Pizzaofen kommen schon zu Beginn der 1970er Jahre jene Klassiker, die gerade am Anfang ihres Siegeszuges durch die Gastronomie in Deutschland stehen. Frank Buchholz macht mit 13 Jahren erste Erfahrungen an der ewig rotierenden Spülmaschine, putzt stundenlang Salate und hilft bis in die Abendstunden im

BUCHHOLZ
RESTAURANT

Service. Die Zeit für Schularbeiten reduziert sich auf das Notwendigste, mit 16 Jahren beschließt er kurzerhand, sein berufliches Glück im Kochhandwerk zu suchen. Die Lehre beginnt er im „Haus Goldschmieding" in Castrop-Rauxel und taucht in eine für ihn neue Welt ein. Buchholz' Kollegen und Lehrmeister sind gestandene Köche, die den blonden Westfalen in die handwerklichen Grundlagen der Kochkunst einführen. In der Küche wird hart und diszipliniert gearbeitet, aber die Stimmung ist gut. Für Buchholz ist es genau die richtige Mischung und er entdeckt das Potenzial und die Möglichkeiten, aus guten Produkten etwas zu formen, bei dem Genuss und Geschmack stets im Vordergrund stehen.

Über hochtrabende Koch-Philosophien redet er nicht gerne, seine Idee vom Kochen lässt sich am besten mit dem Begriff „Zeitgeschmack" beschreiben

Erste Erfahrungen

Nach der Lehre verschlägt es Frank Buchholz zunächst nach Köln ins „Rino Casati", das schicke italienische Restaurant gehörte jahrelang zu den Besten seiner Zunft. Rino Casati war ein galanter Grandseigneur der alten Schule, der den Stolz seines Berufsstandes in der strahlend weißen Kochjacke nach außen trug. Nach einem Jahr wechselt Buchholz nach Hamburg ins „Landhaus Scherrer" an der Elbchaussee. Volles Haus ist hier der Standard, die Küchenmannschaft arbeitet an sechs Tagen der Woche im wahrsten Sinne „unter Volldampf" und Buchholz lernt schnell seine eigenen Grenzen und seine Belastbarkeit kennen. Nach Hamburg folgt der Schritt in die Schweiz zu Robert Speth in dessen „Hostellerie Chesery". Trotz Mittag- und Abend-Service bleibt ausreichend Zeit für sportliche Betätigung und man trifft ihn bei gutem Wetter auf den Skipisten rund um Gstaad. Nach der Winter-Saison in der Schweiz folgt das sommerliche Kontrastprogramm im Tessin. Die kleine „Osteria" in Losone lässt Frank Buchholz relativ viel Freizeit und er genießt das Leben zwischen den Arbeitszeiten. Ganz nebenbei entdeckt der Junge aus dem Bier belasteten Ruhrpott seine Leidenschaft für den Wein, zum Besitz seines Chefs gehört auch ein eigenes Weingut. Vom Tessin zieht es Frank Buchholz nach Mailand, für ein halbes Jahr steht er am Herd des mit höchsten Weihen der Gastrokritik ausgezeichneten „Restaurant Marchesi".

Münchner Prägung

Dass es Buchholz danach ausgerechnet in die Biermetropole München verschlägt, tut seiner entdeckten Passion für den Wein keinen Abbruch und ist für seine weitere Karriere ein Meilenstein. In der „Käfer-Schänke", die unter der Regie des charismatischen Gerd Käfer steht, wird im Schichtdienst gearbeitet. Beste Luxusprodukte aus aller Welt werden täglich in die Küche geliefert, fangfrische Fische, Hummer, Langusten und Austern gehören zum Standardrepertoire des angesagten Restaurants. Produktqualität hat in der Küche oberste Priorität, Buchholz und seine Kollegen können aus dem Vollen schöpfen. Doch nicht nur das Feinkost-Imperium der Käfers trägt zum guten kulinarischen Ruf der bayrischen Landeshauptstadt bei. Im legendären „Tantris" kocht Anfang der 1990er Jahre Heinz Winkler, dessen Küche zu den besten Deutschlands gehört. Frank Buchholz bewirbt sich bei Winkler und wird eingestellt. Als Saucier erfährt er die Präzision und unbedingte Qualität, die der Küchenchef von seinen Köchen verlangt. Alles was jemals auf dem Teller des Gastes landen soll, wird dem Meister zur Probe vorgestellt. Kompromisse gibt es keine, was nicht nach dem Geschmack von Heinz Winkler ist, muss neu angesetzt werden.

Erfolgsrezept Buchholz: Feine Landhausküche mit gekonnten Akzenten aus verschiedenen Kochstilen

Die Beständigkeit der Produktqualität und der Zubereitungen sind das Credo der Küche von Heinz Winkler und Buchholz lernt Schritt für Schritt dieses lückenlose Qualitätsmanagement schätzen. Winkler wird prägend für Buchholz, die Stilistik, mit präzise gesetzten Geschmacksnoten die Authentizität des Produktes zu unterstreichen, gleichzeitig in der Beständigkeit zu überraschen und professionelle Routine durch kulinarische Neugier zum abwechslungsreichen Geschmackserlebnis zu erheben, haben Frank Buchholz nachhaltig beeinflusst.

Orientierung und Neuausrichtung

Mit der Einberufung zur Bundeswehr ist die Zeit in München vorbei und Frank Buchholz verlässt mit Wehmut die Küche im „Tantris". Nach dem Wehrdienst arbeitet er zunächst im Restaurant „Harlekin" im Grand Hotel Esplanade in Berlin-Tiergarten, bevor er ins Landhaus „Zu den Rothen Forellen" nach Ilsenburg wechselt. Es ist seine erste Stelle als Küchenchef, gleichzeitig beginnt Frank Buchholz mit seinen Kochkursen. Buchholz als Spitzenkoch und in der Rolle des lockeren Lehrmeisters in der Kochschule werden sein Markenzeichen. Als er 1996 als Maître de Cuisine in den „Brückenkeller" nach Frankfurt am Main wechselt, lässt das Angebot des Fernsehens nicht lang auf sich warten. Der Anruf der TV-Produktion platzt mitten in den Abendservice des Restaurants. Buchholz ist anfangs skeptisch, erst als die schriftliche Einladung zum Casting nach Köln kommt, lässt er sich überzeugen. Das erste VOX-Kochduell kommt 1997 direkt von der Funkausstellung in Berlin, in den folgenden acht Jahren werden rund 500 Kochsendungen mit Frank Buchholz am Herd über den Bildschirm flimmern. Trotz des Medienerfolges

und erfolgreicher Buchproduktionen bleibt Buchholz der Restaurant-Küche treu und arbeitet weiter am Herd. Der „Brückenkeller", einst Gourmet-Flaggschiff in der Bankenmetropole, erfordert seinen vollen Einsatz. Die Presse ist voll des Lobes über den „Jungen Wilden", das Restaurant gut gebucht und Buchholz wird 1998 als „Innovativster Koch des Jahres" ausgezeichnet.

Kulinarischer Unternehmergeist

Doch der Drang zum eigenen Herd lassen ihn Anfang Januar 1999 in Frankfurt die Segel streichen. Frank Buchholz macht sich auf den Weg, seine Idee vom „guten Essen" in Eigenverantwortung zu realisieren. Mit bescheidenen Mitteln gründet er das „Frank Buchholz Food Concept" und wartet auf Aufträge. Doch die flattern nur langsam ins Haus. Buchholz lässt sich nicht entmutigen und findet zunächst zu seinen Wurzeln zurück. Im elterlichen Restaurant in Unna richtet er seine erste Kochschule ein, Schritt für Schritt wird sie zu einer der bekanntesten Kochschulen Deutschlands. Den Traum vom eigenen Restaurant gibt Buchholz dennoch nicht auf. In Mainz-Gonsenheim, der Heimat seiner Frau Susanne, findet er eines Tages das Bauernhaus mitten im Ortskern, aus dem einmal das Restaurant „Buchholz" werden soll. Viel Geschmack haben Susanne und Frank Buchholz bei der Ausstattung des aufwendig renovierten Fachwerkhauses bewiesen und den ursprünglichen Charme des Hauses bewahrt. Wer ins „Buchholz" kommt, spürt die entspannte Atmosphäre und fühlt sich angekommen bei Freunden, denn Gastfreundschaft ist hier keine aufgesetzte und einstudierte Firmenphilosophie, sondern Bestandteil des Lebens von Frank Buchholz. Es scheint, als sei er nach bewegten Lehr- und Wanderjahren angekommen, nicht ohne immer wieder neue Projekte und Ideen in sein Restaurant, zu dem auch eine Kochschule gehört, einzubringen.

Konzept Buchholz

Buchholz ist gedanklich ein Wanderer, der sich gerne inspirieren lässt, aber auch Inspiration weitergibt und seine Kreativität als Koch, Gastronom, Kochlehrer, Weinkenner, Autor und Unternehmer niemals ruhen lässt. Er ist auf der Suche nach dem besten Geschmack, ohne Hast, aber mit Hartnäckigkeit und einer klaren Zielvorstellung. Feine Landhausküche mit gekonnten Akzenten aus verschiedenen Kochstilen und facettenreich eingesetzten Gewürzen, so könnte man sein Restaurant-Konzept umschreiben. Essen muss für ihn dabei vor allem frisch sein, denn beste Qualität gibt es nur frisch. Buchholz nimmt sich Zeit für Gespräche mit Produzenten und Winzern, lässt sich Zeit bei der Auswahl der Produkte, ist ständig auf der Suche nach besten regionalen Qualitäten, die wenn möglich aus der näheren Umgebung kommen. Aus der „Kräuter-Gärtnerei" vom Bauer Stein gleich um die Ecke bezieht er nicht nur Kräuter, Salate und Gelbe und Rote Bete, sondern auch alte, geschmackvolle Kartoffelsorten, die längst vom Einheitsmarkt verschwunden sind. Über hochtrabende Koch-Philosophien redet er nicht gerne, seine Idee vom Kochen lässt sich am besten mit dem Begriff „Zeitgeschmack" beschreiben. Und Zeitgeschmack bedeutet für Buchholz vor allem Zeit für Geschmack haben, der Schnelligkeit der Zeit mit verlässlicher Qualität begegnen, um dem Gast das zu bieten, was innovative Ruhe und kreative Muse voraussetzt.

Mainz am Rhein

Seine schönste Silhouette zeigt Mainz mit dem Kurfürstlichen Schloss, Deutschordenskommende (heute Landtag) und Neuem Zeughaus der anderen Rheinseite, wer von der hessischen Seite aus über die Theodor-Heuss-Brücke den Fluss überquert, bekommt die Postkartenansicht vom Mainz zu sehen, das zu den ältesten Städten Deutschlands zählt. Schon in der römischen Antike erlangt „Mogontiacum" strategische Bedeutung, den Ursprung der Stadt bildet das Legionslager „Castrum" auf der Anhöhe gegenüber der Mainmündung. Zwei Legionen unter dem Oberbefehl von Drusus, dem Stiefsohn des Kaisers Augustus, sind hier stationiert. Die römische Niederlassung entwickelt sich schnell zum militärischen und zivilen Zentrum der Region, im Gefolge der Soldaten siedeln sich Handwerker und Kaufleute an den Ufern des Rheines an. Nach und nach entstehen Tempel, Foren, Thermen, ein Bühnentheater, einfache Wohnhäuser, Stadtvillen, Denkmäler für die Götter und eine Wasserleitung, die über neun Kilometer Frischwasser von Finthen in die Hauptstadt der neuen Provinz Obergermanien führt. Eine feste Brücke verbindet Mainz und den kleinen rechtsrheinischen Vorposten „Kastel" bereits im Jahre 27 nach Christus, nur wenige Meter vom Standort der heutigen Rheinbrücke entfernt. Über zwei Jahrhunderte blüht die Stadt unter römischer Herrschaft, bevor im 3. Jahrhundert Überfälle germanischer Stämme die Grenzen des Imperiums zunehmend unsicher machen und das Ende des römischen Mainz einleiten. Noch heute sind zahlreiche Spuren der Römer in Mainz zu finden, unterhalb der Zitadelle am Südbahnhof liegen die Reste des antiken Bühnentheaters, dem größten seiner Art nördlich der Alpen. Die freigelegten Stützpfeiler lassen die Architektur und die Ausmaße des Theaters erahnen, das Bauwerk bot Platz für rund 10 000 Besucher.

Bischofssitz und Domstadt

Nach Ende der römischen Herrschaft und den Wirren der Völkerwanderung erlebt die Stadt am Rhein eine neue Blüte, seine verschiedenen Hafenanlagen machen Mainz zu einem bedeutenden Umschlagplatz für Handelsgüter aller Art. Auch die Einflüsse des Christentums wirken sich positiv auf die Stadtentwicklung aus. Mitte des 8. Jahrhunderts initiiert Erzbischof Bonifatius von Mainz aus die Christianisierung des Ostens, im Jahre 782 wird die Stadt zum Erzbistum erhoben. Die Kirchenprovinz entwickelt sich in der Folge zur größten jenseits der Alpen. Im neunten und zehnten Jahrhundert erwirbt sich Mainz den Titel „Aurea Moguntia", die Mainzer Erzbischöfe steigen zu Reichserzkanzlern, Landesherren des kurmainzischen Territoriums und Kurfürsten auf, die den König wählen. Architektonischer Mittelpunkt der Stadt und geistliches Zentrum wird der Dom, die gewaltige Kathedrale und Bischofskirche steht unter dem Patronat des heiligen Martin von Tours. Unter Bischof Willigis am Ende des zehnten Jahrhunderts begonnen, soll die doppelchörige Kirche, in der damals alle Christen der Stadt Platz gefunden hätten, gleichzeitig der Staatsdom des Reiches werden. Doch Willigis kann die Verwirklichung seiner Idee nicht mehr erleben, am Tage der Einweihung im Jahr 1009 vernichtet ein Brand den stolzen Bau. Erst unter Erzbischof Bardo wird der Wiederaufbau in etwas veränderter Gestalt vollendet und der Dom im Beisein des Kaisers 1036 eingeweiht. Doch bis zur endgültigen Fertigstellung des Westwerkes vergehen noch weitere zwei Jahrhunderte. Die lange Baugeschichte des Mainzer Domes, dessen Anfänge in der Romanik liegen, lassen verschiedene Baustile in das Monument christlichen Glaubens einfließen. Während die schlichte Bauweise zur Zeit der ottonischen Kaiser im Ostchor und die reich gegliederte Architektur des Westchors mit der Kuppel aus der Zeit der Staufer deutlich erkennbar sind, stammen die Kapellen in den beiden Seitenschiffen aus der Gotik. Nach einem Blitzschlag, der den gotischen Westturm vernichtet, wird im Barock ein bis in die äußersten Spitzen steinerner Kuppelbau errichtet, der bis heute die Silhouette des Mainzer Doms prägt. Auch im Innern der riesigen Kirche sind die Jahrhunderte nicht spurlos vorübergegangen. An den Pfeilern des Langhauses, an den Wänden des Querschiffes und in den Seitenaltären sind die Grabmäler der Mainzer Bischöfe zu entdecken, eine kunstgeschichtliche Besonderheit des Mainzer Doms, in denen sich die verschiedenen Kunststile vom 13. bis zum 19. Jahrhundert widerspiegeln. Die Macht der Mainzer Kirche, symbolisiert im Monumentalbau des Domes und ausgeübt durch die Mainzer Geistlichkeit, lässt die Stadt unter die Kontrolle ihres Erzbischofs fallen. Damit verbunden sind Privilegien für die Mainzer Bürger, sie beinhalten vor allem Steuerfreiheiten und das Recht, sich nur innerhalb der Stadt vor Gericht verantworten zu müssen. Im Zuge von Auseinandersetzungen zwischen der geistlichen und weltlichen Macht gehen Mitte des 13. Jahrhunderts Selbstverwaltung, Gerichtsbarkeit und die Entscheidungsgewalt über neue Steuern auf die Bürgerschaft und den Stadtrat über. Von diesem Zeitpunkt an ist Mainz „Freie Stadt“, doch schon bald beginnt, ausgelöst durch Konflikte mit dem Erzbischof, der Niedergang des freien Bürgertums und seiner Privilegien.

Touristen aus der ganzen Welt pilgern zu den blau leuchtenden Glasfenstern des Künstlers Marc Chagall in der gotischen Kirche St. Stephan

Zum Kirschgarten
GALERIE BRUMME
BINDING

MAINZ

Kurfürstliches Schloss

Neben dem Mainzer Dom ist das Kurfürstliche Schloss das zweite markante Bauwerk der Stadt. Zunächst als befestigte Marienburg Ende des 15. Jahrhunderts erbaut, dient sie den Erzbischöfen als Residenz, die bis dahin direkt am Dom wohnen. Mainz ist jetzt kurfürstlich-erzbischöfliche Residenzstadt. Doch die direkt am Rhein gelegene Burg genügt schon bald den gestiegenen Repräsentationsbedürfnissen der Mainzer Kurfürsten nicht mehr, während des Dreißigjährigen Krieges wird mit einem erweiterten Schlossbau begonnen. Der neue Flügel verbindet die Burg mit dem Kanzleigebäude und der daran im rechten Winkel angebauten St. Gangolf-Stiftskirche, dem einzigen sakralen Bauwerk der Renaissance in Mainz, das 1814 abgerissen wird. Der Bau des Schlosses ist aufgrund von Kriegen und Zerstörungen im Pfälzischen Erbfolgekrieg von langen Unterbrechungen begleitet und wird erst Mitte des 18. Jahrhunderts vollendet. Doch es dient nur kurze Zeit seiner eigentlichen Bestimmung, nach dem Untergang des Mainzer Kurfürstentums im Jahre 1806 wird es als Kaserne, Lazarett, Zollmagazin und Zollbehörde genutzt. Danach ziehen Stadtbibliothek, Gemäldegalerie, Altertumsmuseum und das Römisch-Germanische Zentralmuseum in das Gebäude ein. Im Zweiten Weltkrieg bei einem Luftangriff 1942 stark zerstört, brennt das Kurfürstliche Schloss zwei Tage lang aus, nur die Fassaden und Teile der Treppenanlagen bleiben erhalten. Nach dem Krieg wird zunächst der Nordflügel wiederhergestellt, doch lediglich die Fassade wird originalgetreu renoviert. Das völlig vernichtete Innere des einst prachtvollen Schlosses bekommt eine zweckmäßige Ausstattung, im „Akademiesaal" findet bis heute die traditionelle Gemeinschaftssitzung „Mainz bleibt Mainz, wie es singt und lacht" der vier Mainzer Karnevalsvereine statt, die seit 1973 live im Fernsehen übertragen wird.

In ihrem Status als kurfürstliche Residenz- und Hauptstadt, Erzbischofssitz, Universitäts- und Festungsstadt kommt Mainz eine führende Rolle im Heiligen Römischen Reich Deutscher Nation zu. Mit rund 30 000 Einwohnern gehörte die Stadt am Vorabend der Französischen Revolution zu den großen und wohlhabenden Städten des Reiches, der Mainzer Erzbischof, gleichzeitig Erster Kurfürst und Erzkanzler des Reiches, zählt zu den einflussreichsten Persönlichkeiten des Landes. Doch die Tage seiner Macht sind gezählt, die Ideen und Ideale der Französischen Revolution machen auch vor den Mainzer Stadttoren nicht Halt. Im Oktober 1792 steht General Custine mit seinen Revolutionstruppen vor Mainz, der Kurfürst ist längst geflohen, die Festung völlig unterbesetzt. Mainz wird für die Franzosen, die als Befreier der politisch rechtlosen Bevölkerung auftreten, zum Zentrum ihrer politischen und militärischen Aktionen. Bereits zwei Tage nach der Kapitulation der Stadt gründet sich in Mainz nach französischem Vorbild ein Jakobinerklub unter dem Namen „Gesellschaft der Freunde der Freiheit und Gleichheit", kurz darauf finden auf Veranlassung der Besatzungsmacht die ersten freien Wahlen statt. Die „Mainzer Republik" gilt als erste Demokratie auf deutschem Boden, doch schon neun Monate später ziehen die Franzosen nach preußischer Belagerung und Beschießung der Stadt wieder ab. Die Mainzer Republik ist damit schon nach kurzer Zeit Geschichte. Geblieben sind bis heute viele französische Begriffe und Wörter, die Eingang in die Mundart der Mainzer gefunden haben.

Mainz bleibt Mainz

Was wäre die Stadt am Rhein ohne die fünfte Jahreszeit? Wenn rund um den Fastnachtsbrunnen am Schillerplatz die närrische Saison eröffnet wird, dann beginnt für echte Mainzer die schönste Zeit des Jahres. Eingeleitet wird die Saison mit der alljährlich stattfindenden Verlesung der elf Fastnachtsgesetze durch den Oberbürgermeister vom Balkon des Osteiner Hofes am 11.11. um 11.11 Uhr. Die Tradition der Mainzer Fastnacht reicht weit zurück, bereits im 16. Jahrhundert finden närrische Umtriebe statt, doch erst 1838 soll mit der Gründung des Mainzer Carneval Vereins (MCV) dem „bisherigen karnevalistischen Wildwuchs auf Straßen, in Ballsälen unter Masken und Vermummungen durch Ordnung, veranstaltete Form und ästhetische Gestaltung" ein kontrollierbarer Rahmen gegeben werden. Der Frohsinn hat in Mainz schnell auch eine politische Komponente und der Rosenmontagszug wird zu einer Persiflage bestehender politischer Verhältnisse. Den Höhepunkt bildet das Spektakel um den närrischen Helden mit Staatskarosse und Hofstaat auf dem Markt, wo der Zug seinen Abschluss findet. Im Laufe der Jahre entwickelte sich die Mainzer Fastnacht in ihrer spezifischen politisch-literarischen Art immer mehr zum Spiegel der Gesellschaft und der politischen Ereignisse und ist bis heute mit ihren Symbolen wie dem Bajazz mit der Laterne, Gott Jokus und Till Eulenspiegel ein Aushängeschild Mainzer Lebensart.

Kulinarische Spezialitäten

„Mainz bleibt Mainz", das weit über die Stadtgrenzen bekannte Motto mag außerhalb der Rheinland-pfälzischen Landeshauptstadt wie ein provinzieller Schlachtruf klingen. Doch die Stadt ist mehr als die Hochburg der politischen Fastnacht, der Sitz des ZDF und die Heimat von Johannes Gutenberg, der mit der Erfindung des Buchdrucks das Fundament der modernen Medienkommunikation setzte und dessen Idee das renommierte amerikanische Magazin „Time Life" 1997 zur bedeutendsten Entdeckung des vergangenen Jahrtausends kürte. Mainz ist auch eine Stadt, die unter dem Motto „Weck, Worscht und Woi" – was übersetzt so viel heißt wie stadttypische Backware, Wurst und Wein, kulinarische Traditionen pflegt. Kultstätten dieses Dreiklangs sind die Weinstuben

Mit der Erfindung des Buchdrucks mit beweglichen Lettern legte Johannes Gutenberg das Fundament der modernen Medienkommunikation

der Altstadt, Kleinode Mainzer Gastlichkeit, in der die ganze Seele der Stadt verborgen liegt. Wer etwas von und über Mainz erfahren möchte, findet hier die richtigen Ansprechpartner. Was als Wein in die Gläser eingeschenkt wird, kommt nicht ausschließlich aus den rheinland-pfälzischen Anbauregionen. In Mainzer Weinstuben werden auch Rieslinge aus dem rechtsrheinisch gelegenen Rheingau ausgeschenkt, der rund 800 Jahre zum Erzbistum gehörte. Wer zum ersten Mal in eine Mainzer Weinstube kommt, bestellt ein Glas Wein, das zumeist im traditionellen Römer an den Tisch kommt. Fortgeschrittene ordern einen Schoppen und bekommen das Gleiche, der echte Weinstuben-Profi verlangt eine „Meenzer Stang", ein gerades und geschliffenes 0,4-Liter-Glas. Dazu werden Spundekäse, in Wein getränkter Handkäse mit Musik, Rippchen mit Kartoffelsalat und Bratkartoffeln, Pellkartoffeln mit Butter, Leberwurst und Salz, „Meenzer Nakische" (das rohe Schweinemett einer Bratwurst) mit warmen Paarweck oder warmer Brezel mit Butter serviert. Der bis nach Frankreich berühmte Mainzer Schinken wird von den Metzgern gerade wiederentdeckt, die legendäre Mainzer Fleischwurst gehört auf jede Speisenkarte in Mainzer Weinstuben. Spargel aus dem Vorort Finthen ist ebenso berühmt wie das frische Gemüse und das Obst aus dem Mainzer Umland. Das alte Moguntia am Rhein ist heute eine Stadt, die den Spagat zwischen modernem Stadtleben und provinziell gemütlichem Ambiente beherrscht und sich in den letzten Jahren zu einer gefragten Einkaufs- und Wohnstadt mit einer liebenswerten Lebensqualität entwickelt hat.

Das Staatstheater Mainz zählt mit seiner Glaskuppel zu den markantesten Gebäuden der Landeshauptstadt

MAINZHILTON

Vorspeisen

Sandwich von Gonsenheimer Bachsaibling
Lauwarmes Carpaccio vom Eifeler Kaninchen
Dreierlei vom Matjes
Warm geräucherter Sockeye-Lachs
Potpourri vom Kalb

Sandwich von Gonsenheimer Bachsaibling

mit getrockneten Tomaten, Granatapfel und Feldsalat

Für 4 Personen

4 Bachsaiblingsfilets à 120 g
16 dünne Brotscheiben
8 Filets getrocknete Tomaten
200 g Babyspinat
1 Granatapfel
1 Spritzer Balsamico
etwas Olivenöl zum Braten
Meersalz
Pfeffer aus der Mühle

1. Den Bachsaibling mit den Tomatenfilets belegen und in 2 Brotscheiben einschlagen. Den Granatapfel in der Mitte durchschneiden und die Kerne ausbrechen.

2. Den Babyspinat blanchieren und in Eiswasser abschrecken. Den Salat mit Granatapfel vermischen und mit Balsamico, Salz und Pfeffer abschmecken. Den Bachsaibling in einer vorgeheizten Pfanne mit etwas Olivenöl von beiden Seiten kurz anbraten.

3. Den Bachsaibling links auf dem Teller anrichten, den Spinatsalat daneben oder darauf anrichten und mit den Granatapfelkernen ausdekorieren.

Lauwarmes Carpaccio vom Eifeler Kaninchen

mit Steinpilzen, Ziegenkäse und Pfälzer Feigensenf

Für 4 Personen

Carpaccio vom Kaninchen
250 g Kaninchenrückenfilets
175 g Steinpilze
30 g Butter
Salz, Pfeffer
1 TL fein gehackte Petersilie

Marinade
30 ml Olivenöl
10 g milder Senf
Saft von 1 Zitrone
Balsamico
Sel rosé oder Meersalz
Zucker

Ziegenfrischkäse
100 g Ziegenfrischkäse
1 TL Thymianhonig
1 EL Crème fraîche

Feigensenf
200 g frische Feigen
100 ml Portwein
1 TL scharfer Senf
1 EL weißer Balsamico

Balsamico-Vinaigrette (hell)
150 ml mildes Olivenöl
100 ml Rapsöl
65 ml weißer Balsamico
35 g mittelscharfer Senf
30 ml Wasser
50 g Zucker, Salz, Pfeffer

Wildkräutersalat
50 g gemischter Blattsalat wie z. B. Rucola, Frisée, Lollo Rosso
50 g gemischte Kräuter wie z.B. Zitronenthymian, Schnittlauch, Estragon, Pimpinelle
etwas helle Balsamico-Vinaigrette (siehe oben)
Meersalz
Pfeffer aus der Mühle

1. Die Silberhaut von den Kaninchenrücken entfernen und die Filets in 3 cm dicke Stücke schneiden, anschließend dünn plattieren. Die Scheiben mit Salz und Pfeffer würzen und mit der Marinade bestreichen. Die Steinpilze in kleine Würfel schneiden und mit etwas Butter in einer heißen Pfanne schwenken. Mit Salz und Pfeffer abschmecken und kurz vor dem Anrichten Petersilie hinzufügen.

2. Für die Marinade alle Zutaten gut vermengen und mit Salz und Pfeffer abschmecken. Den Ziegenfrischkäse mit Honig und Crème fraîche verrühren und mit Salz und Pfeffer abschmecken.

3. Feigen schälen und in einem Topf mit Portwein 15 Minuten köcheln, bis die Flüssigkeit verdampft ist und die Feigen eine Mousse-ähnliche Konsistenz erreicht haben. Die Masse auskühlen lassen und mit Senf, Balsamico, Salz und Pfeffer abschmecken.

4. Alle Zutaten für die Vinaigrette bis auf das Olivenöl mixen, mit Salz, Pfeffer und Zucker abschmecken. Während der Mixer läuft, das Olivenöl nach und nach einfließen lassen, bis eine Emulsion entsteht.

5. Die Blattsalate und die Kräuter waschen und putzen. Kurz vor dem Servieren mit dem Dressing vermischen und nach Geschmack mit Meersalz und Pfeffer abschmecken.

6. Kaninchenrückenscheiben in die Mitte der vorgewärmten Teller legen, salzen, pfeffern, mit der Marinade beträufeln. Jeweils eine Nocke Ziegenfrischkäse und Feigensenf auf dem Teller platzieren, Steinpilze auf das Carpaccio längs anrichten. Anschließend das Ganze mit dem Wildkräutersalat garnieren.

Anmerkung

Eine dunkle Balsamico-Vinaigrette erstellt man, indem man 50 ml reduzierten Madeira, 4 EL Gemüsebrühe, 4 EL gelagerten Balsamico, 2 EL jungen Balsamico und 1 TL Senf in einen Mixer gibt, mit Salz, Pfeffer und Zucker abschmeckt und 125 ml mildes Olivenöl nach und nach einfließen lässt, bis eine Emulsion entsteht.

Dreierlei vom Matjes

Eingelegter Matjes mit Hausfrauensauce
Matjestatar mit Meerrettichmousse
Matjes in Rote-Bete-Panade

1. Eingelegter Matjes: Die Matjesfilets von den kleinen Gräten befreien und in 4 gleich große Stücke schneiden. Die roten Zwiebeln schälen und in kleine Würfel schneiden und die Kräuter ebenfalls fein schneiden. Die Filets in eine Form legen, die Kräuter und Gewürze darübergeben, mit dem Öl begießen und für ca. 4 Stunden einlegen.

2. Die Schalotte und den Apfel schälen und wie die Gurke in feine Würfel schneiden. Mit Crème fraîche und Mayonnaise vorsichtig vermengen. Mit Salz und Pfeffer abschmecken und etwa 2 Stunden ziehen lassen.

3. Matjestartar: Die Schalotte schälen, fein würfeln und in etwas Öl glasig anschwitzen. Den Matjes von den kleinen Gräten befreien und die Silberhaut entfernen. Dann die Filets in kleine Würfel schneiden, mit dem fein gehackten Dill vermengen und mit Schalotte, Salz, Pfeffer und Essig abschmecken.

4. Die Gelatine einweichen und anschließend ausdrücken, den Sahnemeerrettich mit 2-3 EL Wasser kurz aufkochen, durch ein Sieb passieren, die Gelatine darin auflösen und dann auskühlen lassen. Zum Schluss die geschlagene Sahne unterheben und mit Salz, Pfeffer und Cayenne-Pfeffer abschmecken.

5. Matjes in Rote-Bete-Panade: Für die Panade das Weißbrot von der Rinde befreien, im Mixer fein zerbröseln und mit dem Rote-Bete-Pulver vermengen. Den Matjes von den kleinen Gräten befreien, mit Salz, Pfeffer und Cayenne-Pfeffer würzen, dann erst in Mehl, anschließend im verquirlten Ei und zum Schluss in den Brotbröseln wenden. Den Matjes in heißem Rapsöl ca. 1 Minute ausbacken.

6. Zum Anrichten die eingelegten Matjes aus der Marinade nehmen und auf einem Küchenpapier abtropfen lassen. Dann mit der Hausfrauensauce auf einem Teller anrichten. Im Uhrzeigersinn weiter das Tatar auf den Teller geben und zum Schluss den gebackenen Matjes dazulegen, damit er beim Servieren noch warm ist.

Für 4 Personen

Eingelegter Matjes mit Hausfrauensauce
4 Matjesfilets
2 rote Zwiebeln
1 Bund Schnittlauch
1 Bund Dill
100 ml Pflanzenöl
einige Wacholderbeeren und Lorbeerblätter
1 Schalotte
1 Apfel
1 Gewürzgurke
2 EL Crème fraîche
100 g Mayonnaise
Meersalz
Pfeffer aus der Mühle

Matjestatar mit Meerrettichmousse
1 kleine Schalotte
etwas Öl
120 g Matjes
1 TL Dill
ein Spritzer weißer Balsamico
1 EL Sahnemeerrettich
60 g Sahne
1 ½ Blatt Gelatine

Matjes in Rote-Bete-Panade
4 Matjesfilets
5 Scheiben Weißbrot
20 g Rote-Bete-Pulver
1 Ei
etwas Mehl
Rapsöl zum Braten
Meersalz
Pfeffer aus der Mühle
Cayenne-Pfeffer

Warm geräucherter Sockeye-Lachs

mit Avocadosalat und Radieschen

Für 4 Personen

Lachs
350 g frisches Lachsfilet
10 g Räuchermehl
3 Wacholderbeeren
1 Lorbeerblatt
1 Stück Sternanis

Avocadoragout
1 Avocado
1 EL weißer Balsamico
1 Spritzer Limette
Meersalz
Pfeffer

Radieschensalat
8 Radieschen
1 TL Thymianhonig
2 EL helle Balsamico-Vinaigrette (siehe Seite 41)

Zitronenöl
20 ml Olivenöl
Saft von ½ Zitrone

Salat mit Dillvinaigrette
etwas Friséesalat, Endiviensalat, Pimpinelle und Kapuzinerkresse
2 EL Dill
3 EL helle Balsamico-Vinaigrette (siehe Seite 41)
Meersalz
Pfeffer aus der Mühle

1. Den Lachs in einem Räucherofen mit Räuchermehl, Wacholder, Lorbeer und Sternanis etwa 25 Minuten warm räuchern. Alternativ kann man das Räuchermehl mit den Gewürzen auch in einem Wok erhitzen und den Lachs auf dem Rost vorsichtig räuchern.

2. Die Avocado schälen, in 1 cm x 1 cm große Würfel schneiden und mit den anderen Zutaten vorsichtig vermengen und mit Salz und Pfeffer abschmecken.

3. Die Radieschen putzen, waschen und in feine Würfel schneiden. Mit Thymianhonig und Dressing marinieren, eventuell mit Salz und Pfeffer nachschmecken.

4. Das Olivenöl mit dem Zitronensaft verrühren, so dass eine Emulsion entsteht, und mit Salz und Pfeffer abschmecken. Die verschiedenen Salat waschen, putzen und miteinander vermengen. Den fein gehackten Dill mit dem hellen Dressing vermischen, eventuell mit Salz und Pfeffer abschmecken. Den Salat kurz vor dem Anrichten mit der Dillvinaigrette marinieren.

5. Den Lachs links auf dem Teller platzieren, den Radieschensalat auf dem Lachs anrichten. Das Avocadoragout mithilfe eines Rings, den Salat in der Mitte anrichten und mit dem Zitronenöl garnieren.

Potpourri vom Kalb

Lauwarmer Kalbskopf auf Auberginenpüree
Tarte von Zunge und Wiesenchampignons mit Meerrettich
Kalbskopf-Risotto-Praline mit Fontinakäse

1. Kalbskopf und Zunge in einen Topf geben und mit heißem Wasser gut bedecken. Röstgemüse, Pfeffer, Nelke, Lorbeer und Piment hinzufügen und das Ganze 1–1,5 Stunden köcheln lassen. Aus dem Sud herausnehmen und die schönen Stücke von Zunge und Kalbskopf in Würfel schneiden. Von der Kalbszunge ca. 75 g für die Tartelettes beiseite stellen, ebenso 50 g vom Kalbskopf, und aufbewahren. Rest in eine Schüssel geben und mit Balsamico, Salz und Pfeffer abschmecken. Fleischwürfel in eine Pressform geben und ca. 8 Stunden ziehen lassen. Vor dem Anrichten wird alles geschnitten und erwärmt.

2. Auberginen halbieren und auf einem Backblech mit grobem Salz im Ofen bei ca. 160 °C ca. 45 Minuten backen. Thymian und Rosmarin zupfen und fein hacken. Auberginen mit Thymian, Rosmarin, Salz und Pfeffer abschmecken, anschließend pürieren.

3. Mehl in eine Schüssel sieben. Mit den übrigen Zutaten mit der Hand vermengen, bis ein fester Teig entsteht. Teig in Frischhaltefolie einschlagen und ca. 1 Stunde ruhen lassen. Mürbteig auf einer bemehlten Arbeitsfläche dünn ausrollen, mit Mehl bestäuben. Die Tarteletteförmchen mit Butter ausstreichen, mit Mehl bestäuben, Teig in die Förmchen geben und die überstehenden Ränder abschneiden. Im vorgeheizten Backofen 12 Minuten bei 180 °C backen.

4. Gekochte Kalbszunge würfeln und in einen Topf geben. Champignons putzen und klein schneiden. Alles mit Sahnemeerrettich köcheln lassen. Mit Salz, Pfeffer und Balsamico abschmecken. Wenn die Masse abgekühlt ist, in die ausgekühlten Tartelettes füllen.

5. Schalotte in Olivenöl glasig dünsten. Risottoreis mitdünsten, bis er glasig ist. Mit Weißwein ablöschen, Zitronenschale und Lorbeer zufügen und mit Kalbsfond bedecken. Bei kleiner Hitze unter regelmäßigem Rühren köcheln, bis der Reis die Flüssigkeit aufgenommen hat. Nun immer wieder mit Fond auffüllen und kochen, bis der Reis gar ist. Risotto mit Kalbskopf und Fontina vermengen und zu Bällchen formen, in Mehl, dann in verquirltem Ei und in Paniermehl wenden und in der Fritteuse bei 180 °C goldgelb ausbacken.

Für 4 Personen

Lauwarmer Kalbskopf
muss 8 Stunden ziehen

1 Kalbskopf, küchenfertige Kalbsmaske, 1 Kalbszunge, 200 g Röstgemüse (Karotten, Zwiebeln, Staudensellerie und Lauch)
1 TL Pfefferkörner, 2 Nelken
2 Lorbeerblätter, 5 Pimentkörner
Balsamico, Salz, Pfeffer

Auberginenpüree
5 Auberginen, 160 g grobes Meersalz, 2 EL Olivenöl, 1 Thymianzweig
1 Rosmarinzweig

Mürbteig für die Tartelettes
175 g Mehl, gesiebt, ¼ TL Salz
1 ½ TL Zucker, 90 g kalte Butter, in Würfel, 1 Eigelb, rechteckige Tarteletteförmchen (3,5 cm x 2,5 cm)

Füllung
75 g Kalbszunge, 2 EL Sahnemeerrettich, 50 g Wiesenchampignons etwas frischen Meerrettich, 1 EL Crème fraîche, Meersalz, Pfeffer aus der Mühle, ein Spritzer Balsamico

Kalbskopf-Risotto-Praline
Butter, 1 Schalotte, fein gewürfelt
1 EL Olivenöl, 65 g Risottoreis, 40 ml Weißwein, Schale von 1 Zitrone
¼ Lorbeerblatt, 200 ml Kalbsfond
(siehe Seite 67)

Kalbskopf-Risotto-Praline
50 g Kalbskopf, 30 g Fontina[1], gewürfelt, 4–5 EL Mehl, 1 Ei
Paniermehl, Fritteuse, Öl zum Frittieren

Radicchio
2 EL helle Balsamico-Vinaigrette
(siehe Seite 41)

1) Der Fontina ist ein aus nicht pasteurisierter Milch hergestellter Käse aus dem Aostatal. Seine Ursprungsbezeichnung ist geschützt.

Suppen

Consommé von der Maispoularde
Sauerkrautsuppe mit gebratener Jakobsmuschel
Süppchen von Gonsenheimer Wiesenkräutern
Klare Spargelsuppe mit Kaninchencarpaccio
Gurkenkaltschale mit dreierlei Wachtelei

Consommé von der Maispoularde

mit Schinkentortellini

Für 4 Personen

Consommé
1 Maispoularde
3 Lorbeerblätter
1 TL Pfefferkörner
1 Karotte
½ Stange Lauch
½ Knollensellerie
2 Zwiebeln
3 Thymianzweige
3 Rosmarinzweige
3 Stängel Petersilie
Meersalz
Pfeffer aus der Mühle
Muskat
Madeira

Schinkentortellini
2 Schalotten
150 g roher Schinken
1 EL Olivenöl
1 EL gehackte Petersilie
20 g Weißbrotbrösel
2 Eigelb
200 g Nudelteig
(siehe Seite 64)

1. Die Maispoularde mit 4–5 Litern Wasser aufsetzen. Das Gemüse putzen und in grobe Würfel schneiden. Nach ca. 30 Minuten die Lorbeerblätter, die Pfefferkörner, Karotte, Lauch und Sellerie hinzugeben. Die beiden Zwiebeln halbieren und in einer Pfanne schwarz rösten, dann ebenfalls hinzufügen und das Ganze ca. 2 Stunden leicht köcheln lassen.

2. Dann den Thymian, den Rosmarin und die Petersilie hinzugeben und nochmals 15–20 Minuten ziehen lassen. Die Poularde herausnehmen, dann die Consommé durch ein Passiertuch geben und mit Salz, Pfeffer, etwas Muskat und Madeira abschmecken.

3. Die Schalotten und den Schinken in feine Würfel schneiden und in einer Pfanne in etwas Olivenöl anschwitzen. Danach auskühlen lassen, anschließend mit dem Eigelb, den Weißbrotbröseln und der Petersilie vermischen und mit Salz, Pfeffer und Muskat abschmecken.

4. Den Nudelteig dünn ausrollen und Platten von ca. 4 cm Durchmesser mithilfe eines Rings ausstechen. Die Schinkenmasse in die Mitte geben und den Rand des Teigs mit Eigelb bestreichen. Dann zusammenfalten und zu Tortellini formen. Die Tortellini in Salzwasser ca. 2 Minuten kochen.

5. Zum Anrichten je 5 Tortellini in die vorgewärmten Suppenteller legen und mit der Consommé auffüllen.

Sauerkrautsuppe mit gebratener Jakobsmuschel

und Zwiebelblutwurst

Für 4 Personen

4 Schalotten
50 g Butter
500 g Sauerkraut
1 l kräftiger Kalbsfond
(siehe Seite 67)
300 ml Sahne
3 Lorbeerblätter
Meersalz
Pfeffer aus der Mühle
Muskat
30 g Mehlbutter
(siehe unten)

Mehlbutter
1 EL weiche Butter
2 EL Mehl

4 Jakobsmuscheln
100 g Zwiebelblutwurst
20 g Mehl
Olivenöl und Butter
zum Braten

1. Die Schalotten schälen, in feine Würfel schneiden und in der Butter glasig schwitzen, das Sauerkraut hinzugeben und kurz mit anschwitzen. Mit Kalbsfond und Sahne auffüllen. Die Lorbeerblätter dazugeben und das Ganze mit Salz, Pfeffer und etwas Muskat abschmecken. Die Suppe ca. 20 Minuten köcheln lassen. Anschließend die Suppe pürieren und passieren. Dann erneut abschmecken, eventuell nachwürzen und bei Bedarf mit etwas Mehlbutter binden.

2. Die Butter mit dem Mehl zu einer glatten Masse verrühren. Diese mithilfe eines Stücks Frischhaltefolie zu einer Rolle formen und im Kühlschrank mindestens 30 Minuten kalt stellen. Die fest gewordene Mehlbutter in feine Scheiben schneiden, nach und nach in den kochenden Fond geben, bis die gewünschte Konsistenz erreicht ist. Die restliche Mehlbutter kann im Gefrierfach aufbewahrt werden.

3. Die Jakobsmuscheln mit Salz und Pfeffer würzen und in einer Pfanne mit etwas Olivenöl ca. 3–4 Minuten von jeder Seite anbraten. Kurz vor Ende der Garzeit einen Stich Butter hinzugeben. Die Blutwurst in 2 cm dicke Scheiben schneiden, in Mehl wenden und von beiden Seiten ebenfalls in Olivenöl anbraten, dann einen Stich Butter hinzugeben.

4. Die Muscheln und die Blutwurst in einen Suppenteller geben und die Suppe anrichten.

Süppchen von Gonsenheimer Wiesenkräutern

mit Mascarponeravioli und pochiertem Wachtelei

1. Schalotten in Butter glasig schwitzen. Mit dem Kalbsfond ablöschen, Weißwein und Lorbeerblätter hinzufügen und Fond auf ein Drittel reduzieren. Dann Sahne, Crème double und Crème fraîche hinzugeben und mit Salz, Pfeffer und Muskat abschmecken. Anschließend Kräuter waschen, in einer Salatschleuder gut trocken schleudern und mit der Hälfte der Suppe auf höchster Stufe mixen. Nochmals mit Salz, Pfeffer und Muskat abschmecken. Kurz vor dem Servieren die Kräutersuppe mit dem zweiten Teil der Suppe in einem Topf erhitzen und mit dem Stabmixer aufschäumen.

2. Mascarpone mit dem Eigelb verrühren, fein gewürfelten Mozzarella dazugeben. Mit Parmesan, Salz und Pfeffer würzen und, falls die Masse zu flüssig ist, Weißbrotwürfel dazugeben. Zum Schluss den sehr fein geschnittenen Basilikum vorsichtig unter die Masse heben, in einen Spritzbeutel füllen und kalt stellen.

3. Nudelteig mit der Nudelwalzmaschine sehr dünn, ca. 1 mm und ca. 10 cm breit walzen. Den Eidotter mit einigen Tropfen Wasser vermischen und die Teigbahnen damit bestreichen. Die Füllung mit dem Spritzbeutel auf eine Teighälfte in kleinen Tupfen im Abstand von 3–4 cm setzen. Die andere Hälfte darüberschlagen, jeweils um die Füllung herum blasenfrei andrücken und mit einem gezackten Ausstecher Ravioli ausstechen. Ravioli in Salzwasser 3 Minuten kochen. Nach dem Herausnehmen abtropfen lassen und in etwas Butter schwenken, dann auf die vorgewärmten Teller verteilen.

4. 2 Liter Wasser mit Essig und Salz aufkochen. Wasser kurz vor dem Kochen an den Herdrand ziehen, so dass es nicht mehr wallt sondern nur noch siedet. Eier aufschlagen und einzeln in eine Schöpfkelle geben, ganz vorsichtig in das siedende Wasser geben und darauf achten, dass das Eigelb komplett vom Eiweiß umschlossen ist. Nach ca. 2 Minuten ebenso behutsam herausnehmen und auf einem Küchentuch abtropfen lassen.

5. Jeweils ein pochiertes Wachtelei in einen Suppenteller geben, die Ravioli dazulegen und vorsichtig mit der frisch aufgeschäumten Suppe auffüllen.

Für 4 Personen

Süppchen von Gonsenheimer Wiesenkräutern
6 Schalotten, fein gewürfelt
10 g Butter
1 Liter kräftiger Kalbsfond
(siehe Seite 67)
100 ml Weißwein
2 Lorbeerblätter
200 ml Sahne
100 g Crème double
100 g Crème fraîche
Meersalz
Pfeffer aus der Mühle
Muskat
300 g Wiesenkräuter
wie z.B. Sauerampfer, Petersilie, Koriander, Kerbel, Schnittlauch, Estragon, Basilikum, Dill

Mascarponeravioli
1 EL Mascarpone
1 Eigelb
70 g Mozzarella
2 EL geriebener Parmesan
1–2 EL Weißbrotwürfel
1 EL Basilikumblätter
200 g Nudelteig
(siehe Seite 64)
1 Eigelb
50 g Butter

Pochiertes Wachtelei
4 Wachteleier
40–50 ml Essig

Klare Spargelsuppe mit Kaninchencarpaccio

und gebackenem Tempuraspargel

Für 4 Personen

Spargelsuppe
2 Liter leichter Kalbsfond
(siehe Seite 67)
1 kg weißer Spargel
Saft von ½ Zitrone
Meersalz
Pfeffer aus der Mühle
Zucker

2 Kaninchenrückenfilets

Tempuraspargel
12 Stangen grüner Spargel
Tempurateig, im Asialaden erhältlich
Fritteuse
Frittierfett

1. Den weißen Spargel in kleine Stücke schneiden. Den Kalbsfond aufkochen, den Zitronensaft und den geschnittenen Spargel hinzugeben und ca. 20 Minuten ziehen lassen. Anschließend durch ein Tuch passieren und mit Salz, Pfeffer, Zucker und Muskat abschmecken.

2. Die Kaninchenrückenfilets je in 2 Stücke schneiden, zwischen Folie legen und plattieren.

3. Den grünen Spargel kurz im Salz-Zucker-Wasser blanchieren, dann abschrecken. Anschließend in Tempurateig tauchen und in der Fritteuse goldgelb ausbacken. Kurz auf Küchenpapier legen, damit das überschüssige Fett abtropfen kann.

4. Das Carpaccio in den Suppenteller legen, den gebackenen Spargel darauflegen und mit der Suppe auffüllen.

Gurkenkaltschale mit dreierlei Wachtelei

Für 4 Personen

Gurkenkaltschale
3 Salatgurken
100 g Crème fraîche
½ Bund Dill
4–5 EL heller Balsamico
100 ml Milch

Gebratene Wachteleier
4 Wachteleier
Butter zum Braten

Pochierte Wachteleier
8 Wachteleier
40–50 ml Essig

Gebackene Wachteleier
Weißbrotbrösel
1 Ei
Fritteuse
Frittierfett

1. Die Gurken schälen, der Länge nach halbieren und die Kerne entfernen. Mit allen weiteren Zutaten in einen Mixer geben. Fein pürieren und anschließend durch ein Sieb passieren. Mit Salz, Pfeffer und Balsamico abschmecken.

2. Gebratene Wachteleier: die Wachteleier aufschlagen, nacheinander vorsichtig in eine kleine Pfanne gleiten lassen und in etwas Butter braten.

3. Pochierte Wachteleier: etwa 2 Liter Wasser mit dem Essig und einer kräftigen Prise Salz aufkochen. Wenn das Wasser kurz vor dem Kochen ist, an den Herdrand ziehen, so dass das Wasser nicht mehr wallt, sondern nur noch siedet. Die restlichen 8 Wachteleier vorsichtig aufschlagen und einzeln in eine Schöpfkelle geben, ganz vorsichtig in das siedende Wasser geben und darauf achten, dass das Eigelb komplett vom Eiweiß umschlossen ist. Nach ca. 2 Minuten ebenso behutsam herausnehmen und auf einem Küchentuch abtropfen lassen.

4. Gebackene Wachteleier: von den pochierten Wachteleiern vier zuerst in dem verquirlten Ei, dann in Weißbrotbröseln wälzen und in der Fritteuse kurz ausbacken.

5. Die Gurkenkaltschale mit dem Stabmixer aufschäumen, auf vier Suppenteller aufteilen und in jedem Teller eines der verschieden zubereiteten Wachteleier im Uhrzeigersinn anrichten.

Pasta

Gelbe-Bete-Ravioli mit Wasabischaum
Avocado-Garnelen-Ravioli
Mit Mascarponecreme gefüllte Calamaretti
Gebackenes Bio-Ei in Olivenpanade

Gelbe-Bete-Ravioli mit Wasabischaum

und gebackenem Ziegenkäse

Für 4 Personen

Gelbe-Bete-Ravioli
2 g Safran
2 Thymianzweige
2 Rosmarinzweige
1 EL Honig
3 EL Salz
400 g Gelbe Bete
1 Karotte
¼ Knollensellerie
2 Schalotten
½ Bund Schnittlauch, fein geschnitten
3 Eigelb
100 g Weißbrotbrösel
Meersalz
Pfeffer aus der Mühle
Muskat
Spritzer Weißweinessig
Spritzbeutel
200 g Nudelteig (siehe Seite 64)
1 Eigelb zum Bestreichen

Gebackener Ziegenkäse
100 g Ziegenkäse
2 Eier
100 g Weißbrotbrösel
5 EL Milch
8 EL Mehl
Fritteuse
1 kg Frittierfett

Wasabischaum
1 Schalotte, fein gewürfelt
1 TL Butter
80 ml Apfelsaft
1 EL Wasabi, im Asialaden erhältlich
1 TL Meerrettich
200 ml Fischsauce (siehe Seite 79)

1. Safran, Thymian, Rosmarin, Salz und Honig in einem 1/2 Liter Wasser aufkochen, beiseite stellen. Gemüse schälen und in ca. 3 mm x 3 mm feine Würfel schneiden. Sud wieder aufstellen, Gemüsewürfel 2 Minuten blanchieren und in Eiswasser abschrecken. Abtropfen lassen und mit Küchenpapier trocken tupfen. Würfel in eine Schüssel geben, Schnittlauch, Eigelb und Weißbrotbrösel hinzugeben und mit einem Holzlöffel vermengen. Mit Salz, Pfeffer, Muskat und Weißweinessig abschmecken. Die Masse in einen Spritzbeutel füllen und kalt stellen.

2. Nudelteig mit der Nudelmaschine sehr dünn, ca. 1 mm und ca. 10 cm breit walzen. Eigelb mit einigen Tropfen Wasser vermischen und die Teigbahnen damit bestreichen. Auf eine Teighälfte die Füllung in kleinen Tupfen im Abstand von 3–4 cm aufsetzen. Die andere Hälfte darüberschlagen, andrücken und mit einem gezackten Ausstecher Ravioli ausstechen. Ravioli in leicht wallendem Salzwasser 3 Minuten kochen. Nach dem Herausnehmen abtropfen lassen und in etwas Butter anschwenken.

3. Ziegenkäse in vier gleich große Stücke schneiden, jeweils zu einer Kugel formen und kalt stellen. Mehl, Weißbrotbrösel und die mit Milch verquirlten Eier jeweils in eine kleine Schüssel geben. Käsekugeln zuerst in Mehl wenden, dann durch das Ei ziehen und zum Schluss in den Weißbrotbröseln wälzen, den Vorgang wiederholen. Dann in der vorgeheizten Fritteuse bei 150–160 °C goldbraun ausbacken und auf einem Küchenpapier abtropfen lassen.

4. Schalotte in Butter glasig schwitzen. Mit Apfelsaft auffüllen, Wasabi und Meerrettich zugeben und auf die Hälfte einkochen. Mit der Fischsauce auffüllen, kurz köcheln lassen und durch ein Sieb passieren. Die Sauce bis zum gewünschten Geschmack einköcheln. Mit einem Stabmixer schaumig aufmixen. Kurz vor dem Anrichten nochmals aufschäumen.

5. Jeweils zwei Ravioli in der Mitte des vorgewärmten Tellers anrichten, etwas Wasabischaum darübergeben und den Ziegenkäse daraufsetzen.

Avocado-Garnelen-Ravioli

mit Currysauce und gebackenem Currykraut

1. Für den Nudelteig alle Zutaten in einer Küchenmaschine mit einem Knethaken auf niedriger Stufe 10 Minuten kneten. Den Teig auf einer Arbeitsfläche nochmals ca. 5–10 Minuten nachkneten. In Folie einschlagen und mindestens vier Stunden kalt stellen.

2. Garnelen-, Karotten- und Selleriewürfeln in einer Pfanne mit etwas Olivenöl anschwenken, salzen und pfeffern. In einer Schüssel mit Weißbrotbröseln, Avocados und Eigelb vermengen. Die Masse in einen Spritzbeutel füllen und kalt stellen.

3. Nudelteig mit der Nudelmaschine, 1 mm dünn und ca. 10 cm breit walzen. Eigelb mit etwas Wasser vermischen und die Teigbahnen damit bestreichen. Auf eine Teighälfte mit dem Spritzbeutel die Füllung in kleinen Tupfen im Abstand von 3–4 cm aufsetzen. Die andere Hälfte darüberschlagen, andrücken und mit einem gezackten Ausstecher Ravioli ausstechen. Die frischen Ravioli in Salzwasser 3 Minuten kochen, abtropfen lassen und in etwas Butter schwenken.

4. Weißwein mit Wacholderbeeren und Lorbeerblatt auf die Hälfte reduzieren, mit Fischsauce auffüllen. Den Ansatz bis auf 150 ml einkochen lassen, danach durch ein Sieb passieren und beiseite stellen. Banane und Apfel in Butter anschwitzen. Currypulver, Salz, Pfeffer und Vanilleschote dazugeben. Mit der Weißweinsauce ablöschen, aufkochen und 10 Minuten ziehen lassen. Vanilleschote entfernen, mixen, fein passieren und zu den Ravioli reichen.

5. Das Öl in einem Topf erhitzen. Den Tempurateig laut Anweisung herstellen. Das Currykraut von den Stängeln zupfen, durch den Tempurateig ziehen, im heißen Fett goldbraun ausbacken, herausnehmen und auf einem Küchenpapier abtropfen lassen.

6. Jeweils 4 Ravioli nebeneinander auf dem vorgewärmten Teller platzieren, die aufgeschäumte Currysauce längs davor anrichten und das gebackene Currykraut auf die Ravioli setzen.

Für 4 Personen

Nudelteig
muss 4 Stunden kalt gestellt werden
250 g Nudelgrieß
(feiner Hartweizengrieß)
300 g Mehl Type 405
225 g Eigelb
80 g Eiweiß
1 TL Salz
1 EL Olivenöl
1 EL weiche Butter

Avocado-Garnelen-Ravioli
8 Garnelen, fein gewürfelt
½ Karotte, fein gewürfelt
¼ Knollensellerie, fein gewürfelt
Meersalz
Pfeffer aus der Mühle
Olivenöl zum Braten
80 g Weißbrotbrösel
3 Eigelb
2 reife Avocados, fein gewürfelt und mit Zitronensaft beträufelt
200 g Nudelteig, siehe oben
1 Eigelb zum Bestreichen

Currysauce
60 ml Weißwein
½ Lorbeerblatt
5 Wacholderbeeren
150 ml Fischsauce
(siehe Seite 79)
1 Banane, gewürfelt
1 Apfel, gewürfelt
50 g Butter
Currypulver
Mark von 1 Vanilleschote
150 ml Weißweinsauce

Gebackenes Currykraut
100 ml Öl zum Frittieren
4 Zweige Currykraut
Tempurateig (aus dem Asialaden)

Mit Mascarponecreme gefüllte Calamaretti

auf Tomatenrisotto

Für 4 Personen

Gefüllte Calamaretti
300 g küchenfertige Calamaretti
20 g Butter
etwas Thymian
etwas Rosmarin
300 g Mascarpone
2 Eigelb
Meersalz, Pfeffer aus der Mühle
Muskat
100 g Weißbrotbrösel
Spritzbeutel
Zahnstocher

Weißer Tomatenfond
(muss am Vortag
zubereitet werden)
6 Roma-Tomaten
1 Stück Sternanis
3 EL Gin
3 EL heller Balsamico
1 EL Meersalz
1 EL Zucker

Kalbsfond (ergibt ca. 2 Liter)
2 kg Kalbsknochen und -abschnitte
2 Karotten, grob gewürfelt
½ Knollensellerie, grob gewürfelt
1 Stange Lauch, in grobe Stücke geschnitten
3 Thymianzweige
3 Rosmarinzweige
6 Lorbeerblätter
2 EL weiße Pfefferkörner
3 Schalotten, geschält und grob gewürfelt
20 g Salz

Tomatenrisotto
4 Schalotten
etwas Butter
200 g Risottoreis
200 ml hellen Kalbsfond
200 ml weißer Tomatenfond
1 Lorbeerblatt
50 g Parmesan

1. Die Calamaretti in einem Topf mit Dampfeinsatz für 4–5 Minuten garen. Anschließend in der Butter mit Thymian und Rosmarin schwenken.

2. Den Mascarpone und das Eigelb in eine Schüssel geben und mit dem Handrührgerät auf der höchsten Stufe ca. 4 Minuten aufschlagen. Mit Salz, Pfeffer und etwas Muskat abschmecken, anschließend die Weißbrotbrösel hinzugeben und nochmals durchrühren. Die Masse in einen Spritzbeutel füllen. Dann die Calamaretti von der offenen Seite mit der Masse füllen und anschließend mit einem Zahnstocher verschließen.

3. Die Tomaten vierteln, vom Strunk befreien und mit den anderen Zutaten in der Küchenmaschine bei höchster Stufe ca. 1 Minute mixen. Dann durch ein doppelt gelegtes Passiertuch in eine Schüssel über Nacht abtropfen lassen. Den aufgefangenen Fond bis zur weiteren Verarbeitung im Risotto beiseite stellen.

4. In einem Topf 3 Liter Wasser mit den Kalbsknochen und -abschnitten aufkochen. Den sich an der Oberfläche bildenden Schaum mit einer Kelle vorsichtig abschöpfen. Anschließend alle weiteren Zutaten hinzugeben und den Fond ca. 1 Stunde leicht köcheln lassen, dann durch ein Tuch passieren. Je nach Intensität des Fonds noch mit etwas Salz nachschmecken oder erneut aufsetzen und weiter reduzieren.

5. Die Schalotten schälen, fein würfeln und mit etwas Butter in einem Topf glasig schwitzen, den Reis hinzugeben und kurz mit anschwitzen. Dann mit Kalbsfond und Tomatenfond ablöschen. Das Lorbeerblatt zugeben und das Risotto bei geringer Hitze gar ziehen lassen und mit Salz und Pfeffer abschmecken.

6. Zum Anrichten das Risotto in der Mitte des Tellers anrichten, je nach Größe 1–2 Calamaretti auf das Risotto geben und den Zahnstocher entfernen.

Gebackenes Bio-Ei in Olivenpanade

mit Fontinakäserisotto und Gelbe-Bete-Vinaigrette

Für 4 Personen

Gebackene Bio-Eier
4 Bio-Eier
40–50 ml Essig
100 g schwarze Oliven, entsteint
10 Scheiben Weißbrot
2 Eier
Fritteuse
1 kg Frittierfett

Risotto
200 g Risottoreis
2 Schalotten, fein gewürfelt
30 g Butter
30 ml Sahne
500 ml heller Kalbsfond
(siehe Seite 67)
1 Lorbeerblatt
150 g Fontina[1]
(ital. Käse aus dem Aostatal)
Meersalz
Pfeffer aus der Mühle
Muskat

Gelbe Bete Vinaigrette
2 Gelbe Bete
200 ml helle Balsamico-Vinaigrette
(siehe Seite 41)

1) Der Fontina ist ein aus nicht pasteurisierter Milch hergestellter Käse aus dem Aostatal. Seine Ursprungsbezeichnung ist geschützt.

1. Zwei Liter Wasser mit dem Essig und einer kräftigen Prise Salz aufkochen. Wenn das Wasser kurz vor dem Kochen ist, an den Herdrand ziehen, so dass das Wasser nicht mehr wallt sondern nur noch siedet. Die Eier vorsichtig aufschlagen und einzeln in eine Schöpfkelle geben, ganz vorsichtig in das siedende Wasser geben und darauf achten, dass das Eigelb komplett vom Eiweiß umschlossen ist. Nach ca. 2 Minuten ebenso behutsam herausnehmen und auf einem Küchentuch abtropfen lassen.

2. Die Oliven auf einem mit Backpapier ausgelegten Backblech im 80 °C heißen Ofen ca. 2–3 Stunden trocknen. Das Weißbrot von der Rinde befreien und in der Küchenmaschine zerkleinern. Die getrockneten Oliven dazugeben und in der Küchenmaschine auf höchster Stufe ca. 2 Minuten mixen.

3. Die beiden anderen Eier in einer Schüssel verquirlen. Die pochierten Eier zuerst in dem verquirlten Ei, dann in der Olivenpanade wälzen. Den Vorgang wiederholen. Dann die Eier in der 160 °C heißen Fritteuse goldgelb ausbacken und auf einem Küchenpapier abtropfen lassen.

4. Für das Risotto die Schalotten schälen, fein würfeln und in einem Topf mit Butter glasig schwitzen. Den Risottoreis hinzugeben, kurz mit anschwitzen und mit der Hälfte des Kalbsfonds auffüllen. Das Lorbeerblatt dazugeben, dann langsam köcheln lassen. Kurz vor dem Kochende den klein geschnittenen Fontina hinzugeben und 1–2 Minuten mitkochen. Mit Salz, Pfeffer und Muskat abschmecken. Den restlichen Kalbsfond nach und nach hinzugeben, bis das Risotto gar ist. Das Lorbeerblatt entfernen.

5. Gelbe Bete schälen und in feine Würfel schneiden, kurz im Salz-Zucker-Wasser blanchieren und auf einem Sieb abtropfen lassen. Mit dem Salatdressing vermengen.

6. Das Risotto in der Tellermitte anrichten, das gebackene Ei daraufsetzen und etwas Vinaigrette rundherum verteilen.

Fisch

Rheinzander auf Cannelli-Bohnen
Allgäuer Flusskrebse auf Orangensauce
Donauwaller in Brikteig gebacken
Kabeljaufilet auf zweierlei Senfsauce
Gebratenes Hechtfilet auf Beaujolais-Butter

Rheinzander auf Cannelli-Bohnen

und Gremolata

1. Die Zanderfilets mit Salz und Pfeffer würzen, die Hautseite leicht mit Mehl bestäuben und auf der Hautseite in einer heißen Pfanne mit Olivenöl ca. 3 Minuten kross braten. Die Kräuter in die Pfanne geben und den Fisch auf die Fleischseite wenden. Dann beiseite stellen und den Zander gar ziehen lassen.

2. Die Bohnenkerne ca. 30 Minuten in lauwarmes Wasser einlegen. Die Tomaten vierteln und den Strunk entfernen. Die Schalotten und den Knoblauch schälen und in feine Würfel schneiden. Die Schalotten in einen heißen Topf geben und mit der Butter glasig schwitzen. Anschließend die Tomaten und den Knoblauch dazugeben, kurz mitrösten und dann mit dem Kalbsfond ablöschen. Alles ca. 10 Minuten kräftig kochen lassen und am Schluss den gezupften Thymian und Rosmarin hinzugeben. Alles pürieren und durch ein Sieb passieren. Mit Salz, Pfeffer und eventuell Muskat abschmecken.

3. Die Bohnen abgießen und auf ein tiefes Blech legen. Mit der Tomatensauce aufgießen, bis alles gut bedeckt ist. Mit Alufolie abdecken und bei 160 °C ca. 35–40 Minuten im Backofen garen. Anschließend mit Salz und Pfeffer nachschmecken. Vor dem Anrichten frisch gehackte Petersilie unterrühren.

4. Mandeln mit Zitronenabrieb und Knoblauch in einer Pfanne goldbraun rösten, dann das Olivenöl hinzugeben. Pfanne vom Herd nehmen und das Ganze mit Salz und Pfeffer abschmecken. Vor dem Anrichten frisch gehackte Petersilie hinzugeben.

5. Schalotten im Olivenöl anschwitzen. Mit Sherry auffüllen, Lorbeerblatt zugeben und den Alkohol verkochen lassen. Anschließend mit Fischfond und Sahne auffüllen und reduzieren. Mit Salz, Pfeffer, Muskat abschmecken und passieren. Vor dem Aufschäumen einen Spritzer frischen Sherry zufügen.

6. Die Cannelli-Bohnen in der Mitte des Tellers anrichten, den kross gebratenen Zander daraufsetzen und mit der Gremolata an einer Seite des Filets garnieren. Die erwärmte Sherrysauce mit einem Stabmixer aufschäumen und um die Bohnen gießen.

Für 4 Personen

Zander
4 Zanderfilets à 120 g
Meersalz
Pfeffer aus der Mühle
2 EL Mehl
1 Rosmarinzweig
1 Thymianzweig
Olivenöl zum Braten

Cannelli-Bohnen
ca. 300 g Cannelli-Bohnenkerne
2 Schalotten
15 g Butter
1 Knoblauchzehe
500 g Roma-Tomaten
250 ml Kalbsfond
(siehe Seite 79)
1 Thymianzweig
1 Rosmarinzweig
Meersalz
Pfeffer aus der Mühle
Muskat
1 EL frisch gehackte Petersilie

Gremolata
100 g gehackte Mandeln
Abrieb von 1 Zitrone
2 Knoblauchzehen, fein gewürfelt
40 ml Olivenöl
1 TL frisch gehackte Petersilie

Sherrysauce
2 Schalotten, gewürfelt
1 EL Olivenöl
300 ml Sherry
½ Lorbeerblatt
150 ml Fischfond
(siehe Seite 79)
200 ml Sahne
Meersalz, Pfeffer aus der Mühle

Allgäuer Flusskrebse auf Orangensauce

und Estragonöl

Für 4 Personen

Allgäuer Flusskrebse
28 Flusskrebse
Meersalz
Pfeffer aus der Mühle
etwas Estragon

Orangensauce
3 Orangen
100 ml natives Olivenöl extra
50 ml Nussöl
1 Prise Zucker
Meersalz
Saft von ½ Zitrone

Estragonöl
½ Bund Estragon
3 EL natives Olivenöl extra
Meersalz
1 Stich Butter

etwas Dill zum Garnieren

1. Die Flusskrebse für 6 Minuten im auf 95 °C erhitzten Wasser pochieren, anschließend abgießen, dabei etwas Fond zum Erwärmen der Krebse aufbewahren. Mit kaltem Wasser abschrecken. Die Schwänze und Scheren auslösen und abgedeckt beiseite stellen. Den aufgefangenen Fond mit Salz, Pfeffer und ein wenig fein gehacktem Estragon abschmecken.

2. Zwei Orangen filetieren und in einer Pfanne mit den beiden Ölen und dem Zucker schwenken, bis sie sich auflösen. Die letzte Orange auspressen und den Saft mit dem Orangenmus auf die Hälfte einkochen. Mit einer Prise Salz und etwas Zitronensaft würzen und durch ein feines Sieb passieren.

3. Den Estragon mit etwa 3 EL Öl und einer Prise Salz zu einer flüssigen, homogenen Creme mixen.

4. Zum Anrichten einen Stich Butter in den mit Estragon gewürzten Fond geben und das Krebsfleisch darin erwärmen, dann herausnehmen. Die vorgewärmten Teller mit der Orangensauce ausstreichen und die Flusskrebse darauf anrichten. Mit dem Estragonöl umgießen und mit etwas Dill garnieren.

Donauwaller in Brikteig gebacken

auf Schwarzwurzelgemüse und Petersiliensauce

Für 4 Personen

Petersilienpüree
250 g krause Petersilienblätter
1 TL Mascarpone
Salz, Pfeffer, Muskat, Zucker

Fischfarce
50 g feine Karottenwürfel
200 g Zanderfilet, haut- und grätenfrei
180 ml Sahne
1 Eiklar
1 TL Zitronensaft

Donauwaller im Brikteig
4 Filets von Donauwaller à 200 g
4 Brikteigplatten, im Feinkosthandel erhältlich
1 Ei zum Bestreichen
Olivenöl zum Braten

Schwarzwurzelgemüse
500 g Schwarzwurzeln
Saft von 1 Zitrone
2 Schalotten, fein gewürfelt
1 EL Butter
2 EL Mehl
100 ml Sahne
150 ml Kalbsfond (siehe Seite 67)
Meersalz
Pfeffer aus der Mühle
Muskat

Petersiliensauce
200 ml Fischsauce (siehe Seite 79)
Meersalz
Pfeffer aus der Mühle
Muskat

1. Petersilie im Salzwasser weich kochen, ohne dass diese grau wird, danach im Eiswasser abschrecken, ausdrücken und mit Mascarpone vermengen. Mit Salz, Pfeffer, Muskat und Zucker abschmecken, im Mixer sehr fein pürieren, eventuell durch ein Sieb streichen.

2. Karottenwürfel blanchieren. Fischfilet in Würfel schneiden und für ca. 30 Minuten tiefkühlen. Danach mit einem Eiklar in der Küchenmaschine zu einer feinen Masse pürieren. Wenn die Masse homogen erscheint, nach und nach die gekühlte Sahne hinzugeben, so dass eine cremige Masse entsteht. Durch ein feines Sieb streichen, mit Salz, Pfeffer und Zitronensaft abschmecken und zum Schluss die Karottenwürfel und einen Esslöffel des Petersilienpürees unterziehen. Danach auf Eis stellen.

3. Die Brikteigplatten in der Größe des Wallers mit der Farce einstreichen. Je ein Fischfilet mithilfe einer Palette ca. 4–5 mm dick rundherum mit der Farce einstreichen. Eine Teigplatte mit dem verquirlten Ei bestreichen. Die Seiten über dem Waller zusammenklappen und wie eine Frühlingsrolle wickeln. Die restlichen Wallerfilets ebenso einpacken. Die Fischrollen in Olivenöl bei mittlerer Hitze rundherum goldgelb anbraten. Dann auf ein Backblech legen und für 15–20 Minuten bei 70 °C im Backofen garen.

4. In der Zwischenzeit Schwarzwurzeln schälen. Es empfiehlt sich, Handschuhe zu tragen. Die geschälten Schwarzwurzeln für einige Minuten in Wasser mit Zitronensaft legen, damit sie nicht braun werden. Schalotten schälen und fein würfeln, in Butter glasig schwitzen, mit Mehl bestäuben, mit Sahne und Kalbsfond auffüllen und mit Salz, Pfeffer und etwas Muskat abschmecken. Die Schwarzwurzeln in den Fond geben. Je nach Dicke 4–6 Minuten kochen.

5. 2 EL Petersilienpüree in die Fischsauce einrühren, aufkochen und mit Salz, Pfeffer und Muskat nachschmecken. Waller im Brikteig von jeder Seite in der Pfanne kross nach braten. Das Schwarzwurzelgemüse auf dem Teller anrichten, den Waller schräg in 2 Hälften schneiden und daransetzen. Die Petersiliensauce erhitzen, mit einem Pürierstab aufschäumen und angießen.

Kabeljaufilet auf zweierlei Senfsauce

mit gebratenem Spargel und Salbeignocchi

Für 4 Personen

Kabeljaufilet
4 Kabeljaufilets mit Haut à 130 g
Meersalz
Pfeffer aus der Mühle
Olivenöl zum Braten
1 EL Butter

Fischsauce
1 Schalotte, fein gewürfelt
etwas Olivenöl
450 ml Fischfond
50 ml Weißwein
50 ml Noilly Prat
½ Lorbeerblatt
250 ml Sahne
Meersalz, Pfeffer aus der Mühle
50 g kalte Butter

Senfsaucen
400 ml Fischsauce
(siehe Seite 79)
50 ml Weißwein
1 EL Mehlbutter
(siehe Seite 53)
1 EL grobkörniger Senf
2 EL violetter Senf
Meersalz, Pfeffer aus der Mühle
1 EL geschlagene Sahne

Spargel
500 g weißer Spargel
50 g Butter, 1 EL Zucker
Meersalz, Pfeffer aus der Mühle

Salbeignocchi
250 g Kartoffeln, mehlig kochend
Kümmel, Salz
40 g Mehl
30 g Hartweizengrieß
80 g Salbei
Meersalz, Muskat
1 Eigelb
1 EL Olivenöl, 1 EL Butter

etwas Dill zum Garnieren

1. Den Kabeljau mit Salz und Pfeffer würzen und in einer heißen Pfanne je nach Dicke des Filets 3–4 Minuten kross braten. Die Butter hinzugeben und leicht nussig werden lassen. Dann auf die Hautseite umdrehen, die Pfanne beiseite stellen und den Kabeljau darin gar ziehen lassen.

2. Schalotte in Olivenöl glasig anschwitzen. Mit Fischfond, Weißwein und Noilly Prat auffüllen, das halbe Lorbeerblatt hinzufügen. Alkohol verkochen lassen, dann Sahne dazugeben. Sauce reduzieren lassen, mit Salz und Pfeffer abschmecken und passieren. Kalte Butter in kleinen Stücken mit einem Stabmixer einmixen.

3. Die Fischsauce mit dem Weißwein aufkochen, kurz reduzieren und mit der Mehlbutter etwas binden. Ein Fünftel der Sauce in einen anderen Topf geben, dickflüssig einköcheln, den grobkörnigen Senf dazugeben. In die restliche Sauce den violetten Senf einrühren, mit Salz und Pfeffer abschmecken und mit der Sahne aufschäumen.

4. Den Spargel schälen und in feine Scheiben schneiden. Den Zucker in einer Pfanne karamellisieren, die Butter hinzufügen und anschließend den Spargel ca. 2–3 Minuten darin anbraten und mit Salz und Pfeffer würzen.

5. Die ungeschälten Kartoffeln mit Kümmel und Salz im Topf weich kochen. Das Wasser abschütten, die Kartoffeln pellen und ausdampfen lassen. Dann durch eine Kartoffelpresse drücken und mit Mehl, Grieß, dem fein gehackten Salbei, Salz, Muskat und Eigelb zu einer glatten Masse verarbeiten. Diese dann zu kleinen Kugeln rollen, mit einer Gabel zu Gnocchi formen und in Salzwasser garen, bis sie auf der Oberfläche schwimmen. In Eiswasser abschrecken, im Sieb abtropfen lassen und kurz vor dem Anrichten in etwas Olivenöl und Butter anschwenken.

6. Den gebratenen Spargel in der Mitte des Tellers anrichten, den Kabeljau daraufsetzen. Die Gnocchi an die rechte Seite des Spargels legen. Dann mit den beiden erwärmten Senfsaucen umgießen und mit etwas Dill garnieren.

Gebratenes Hechtfilet auf Beaujolais-Butter

mit weißem Pfefferspinat und Nusskartoffeln

1. Die Hechtfilets mit Salz und Pfeffer würzen und die Hautseite mit Mehl bestäuben. Das Öl in einer Pfanne erhitzen, die Filets auf der Hautseite bei mittlerer Hitze ca. 4 Minuten braten. Dann Butter und Kräuter hinzugeben, die Filets auf die Fleischseite wenden und bei kleiner Hitze ca. 4 Minuten glasig ziehen.

2. Die Schalotten schneiden, fein würfeln und in einer Pfanne mit der Butter und etwas Pfeffer glasig schwitzen. Dann den Spinat dazugeben und kräftig mit Pfeffer würzen. Mit Salz und Muskat abschmecken.

3. Die Kartoffeln schälen, vierteln und in „Schiffchen"-Form bringen, für ca. 6–8 Minuten in Salzwasser kochen und in Eiswasser abschrecken. Die Kartoffeln in einer Pfanne mit etwas braun geschmolzener Butter anbraten, mit Salz, Pfeffer und Muskat würzen. Wenn die Kartoffeln goldbraun gebraten sind, ein Stück Butter zugeben und schmelzen lassen. Frisch gehackte Petersilie darüberstreuen.

4. Die Schalotten schälen und fein würfeln. Die Butter in kleine Stücke schneiden. Für die rote Buttersauce den Rotwein und den Portwein mit den Schalottenwürfeln bis auf ein Drittel einkochen. Die Reduktion mit den kalten Butterstückchen binden. Sie darf dann nicht mehr kochen.

5. Den Blattspinat auf vorgewärmte Teller verteilen und den Hecht darauf anrichten. Diesen mit grob gemahlenem Pfeffer und Meersalz bestreuen und mit der roten Buttersauce umgießen. Die Nusskartoffeln an den Spinat legen.

Für 4 Personen

Hechtfilet
4 Hechtfilets à 120 g
Meersalz
geschroteter Pfeffer
Mehl zum Bestäuben
Olivenöl zum Braten
50 g Butter
1 Rosmarinzweig
1 Thymianzweig

Spinat
2 Schalotten
500 g Spinat, geputzt und gewaschen
20 g Butter
weißer Pfeffer aus der Mühle
Meersalz
frisch geriebene Muskatnuss

Nusskartoffeln
6 dicke Kartoffeln, fest kochend
Butter
2 EL Petersilie
Meersalz
weißer Pfeffer aus der Mühle
Muskat

Beaujolaisbutter
600 ml Beaujolais
250 ml roter Portwein
2 Schalotten
240 g kalte Butter

Fleisch

Dreierlei vom Lamm
Ente in 2 Gängen serviert
Rehrücken und gebratene Jakobsmuschel
Schwäbisch-Hällischer Schweinebauch
Kalbsfilet unter der Artischockenkruste
Pochierter Kalbstafelspitz

Dreierlei vom Lamm

auf rotem Zwiebelconfit, Belugalinsen und gebratener Grießroulade

Für 4 Personen

Lamm
4 portionierte Lammrücken à 70 g
500 g Lammfleisch aus der Keule, vom Metzger binden lassen
100 g geputztes Lammbries
2 Zwiebeln, in Würfeln
1 Karotte, in Würfeln
2 Stangen Staudensellerie, in Würfeln
1 Knoblauchzehe
1 Lorbeerblatt
2 Rosmarinzweige
5 Thymianzweige
1 EL Tomatenmark
4 Kirschtomaten
200 ml Rotwein
50 ml Madeira
50 ml Portwein
etwas scharfer Senf
1 EL Mehl, Stich Butter
Rapsöl

Oliven-Kräuter-Kruste
50 g schwarze entsteinte Oliven
30 g grüne entsteinte Oliven
2 Thymianzweige
½ Rosmarinzweig
2 Petersilienzweige
5 Scheiben Weißbrot, entrindet und fein gewürfelt
1 TL Senf
30 g weiche Butter, 1 Eigelb

Grießroulade
250 ml Milch
40 g Butter
80 g Hartweizengrieß
40 g Butter
2 Eigelb
125 g Sauerrahm
Trüffelöl
gehackte Kräuter
2 Strudelteigblätter von 40 cm x 40 cm
Butter zum Bepinseln
Butterfett zum Braten

1. Lammkeule würzen und bei starker Hitze von allen Seiten in Rapsöl anbraten. Zwiebeln, Karotten und Staudensellerie in Öl goldbraun rösten. Tomatenmark und Knoblauch dazugeben und kurz mitrösten. Dann Lorbeerblatt, Rosmarin und Thymian hinzugeben und mit Madeira und Portwein ablöschen. Kurz einkochen lassen, mit Rotwein und 2 l Wasser auffüllen. Wenn der Ansatz kocht, die Keule einlegen und zugedeckt weich schmoren. Ist der Garpunkt erreicht, die Keule herausnehmen, Sauce durch ein Sieb passieren und nach Geschmack reduzieren. Das Fleisch auskühlen lassen, in vier 1 cm dicke Scheiben schneiden, in einen Topf geben und mit etwas reduzierter Sauce auffüllen und beiseite stellen.

2. Oliven im Mixer zerkleinern. Thymian, Rosmarin und Petersilie waschen, trocknen und zupfen. Einen Zweig Thymian für den Lammrücken beiseite legen. Die gezupften Kräuter mixen. Oliven mit Senf, Kräutern, Butter und Eigelb in eine Schüssel geben und durchkneten. Weißbrot zugeben und mit Salz und Pfeffer abschmecken.

3. Den Backofen auf 80 °C vorheizen. Den Lammrücken würzen, in etwas Olivenöl mit dem zurückgelegten Thymian gut anbraten. Den Rücken auf ein Gitter legen, mit weißem Pfeffer würzen und mit etwas Senf bestreichen. Die Krustenmasse auf das Fleisch streichen und das Lamm im Ofen auf dem Gitter etwa 10–15 Minuten fertig garen. Je nach gewünschtem Gargrad aus dem Ofen nehmen und den Backofen auf die Grillstufe stellen. Das Fleisch 2–3 Minuten ruhen lassen und in der Zwischenzeit die Kirschtomaten an der Unterseite anritzen, in etwas Olivenöl anbraten, bis die Haut aufplatzt und sich löst. Mit Salz, Pfeffer und Zucker abschmecken. Jetzt das Fleisch nochmals kurz unter dem Backofengrill gratinieren.

4. Die Keulenstücke in der Sauce erhitzen und warm halten. Das Lammbries in 8 gleich große Stücke schneiden, mit Salz und Pfeffer würzen, in Mehl wenden und abklopfen. In einer vorgeheizten Pfanne in Olivenöl und etwas Butter rundum goldgelb braten.

Rezept weiter auf S. 86

Dreierlei vom Lamm

auf rotem Zwiebelconfit, Belugalinsen und gebratener Grießroulade

5. Milch mit Butter aufkochen, Grieß einrühren und kurz quellen lassen. Die zweite Portion Butter cremig schlagen, nacheinander das Eigelb unterschlagen und unter beides die lauwarme Grießmasse und den Sauerrahm rühren. Mit Salz, Pfeffer und Muskat abschmecken, nach Belieben mit Trüffelöl und Kräutern aromatisieren. Strudelblätter auslegen, mit Butter bepinseln und aufeinanderlegen, Grießmasse auftragen, einrollen und fest in Frischhalte- und Alufolie einwickeln. Die Rolle etwa eine Stunde bei 90 °C im Wasserbad pochieren, gut durchkühlen lassen. Die Grießroulade in Scheiben schneiden und in Butterfett goldgelb braten.

6. Belugalinsen ca. 30 Minuten in warmem Wasser einweichen. Die Hälfte der Gemüsewürfel und den Bauchspeck in einem Topf mit etwas Butter anschwitzen. Ein Drittel der eingeweichten Linsen hinzufügen und mit knapp der Hälfte des Kalbsfonds auffüllen, dann für 20–25 Minuten kochen lassen. Danach pürieren und durch ein feines Sieb in einen anderen Topf passieren. Mit Salz, Pfeffer, Zucker und etwas Balsamico abschmecken. Den Rest der eingeweichten Linsen auf ein Sieb geben und gut abtropfen lassen. Dann in den Sud geben, Lorbeerblätter hinzufügen und 30–40 Minuten köcheln lassen. Restliches Gemüse anschwitzen, Linsen und restlichen Kalbsfond hinzufügen und für weitere 30–40 Minuten köcheln lassen. Das Linsenpüree dazugeben und nochmals mit Salz, Pfeffer und dunklem Balsamico abschmecken.

7. Zucker in einem mittelgroßen Topf karamellisieren und mit Rotwein, Portwein, Cassis und Kalbsfond ablöschen. Rote Zwiebeln und Lorbeerblätter hinzufügen, dann ca. 30 Minuten bei mittlerer Hitze köcheln lassen, salzen und pfeffern, nochmals 10 Minuten köcheln lassen, Butter dazugeben und unterrühren. Die Zwiebeln sollten eine leicht sämige Konsistenz haben.

8. Rotes Zwiebelconfit und Belugalinsen in der Mitte des Tellers anrichten, Grießroulade an das Zwiebelconfit setzen. Geschmorte Lammkeulenscheibe auf dem Gemüse platzieren, den gratinierten Lammrücken daraufsetzen, Kalbsbries an die Linsen setzen, mit heißer Lammsauce angießen.

Belugalinsen
100 g Belugalinsen
2 dicke Karotten, fein gewürfelt
¼ Knollensellerie, fein gewürfelt
1 Kartoffel, fein gewürfelt
2 Scheiben geräucherter Bauchspeck, fein gewürfelt
2 Schalotten, fein gewürfelt
250 ml heller Kalbsfond (siehe Seite 67)
1 Lorbeerblatt
Salz, Pfeffer, Zucker
dunkler Balsamico
Butter

Zwiebelconfit
2 EL Zucker
300 ml Rotwein
150 ml roter Portwein
15 ml Cassislikör
70 ml heller Kalbsfond
500 g rote Zwiebeln, fein gewürfelt
3 Lorbeerblätter
30 g Butter

Ente in 2 Gängen serviert

Rosa Entenbrust mit Senfkörner-Schnittlauch-Sauce
Geschmorte Entenkeule auf Selleriepüree

1. Die Entenbrüste waschen und trocknen. Die Haut rautenförmig einschneiden. Das Öl in einer Pfanne erhitzen und die Brüste mit der Hautseite nach unten in der Pfanne legen. Scharf anbraten, mit Salz und Pfeffer würzen, dann auf die Fleischseite wenden. Anschließend auf einem Gitterrost im auf 70 °C vorgeheizten Backofen ca. 30–40 Minuten fertig garen. Zum Schluss die Entenbrust auf der Hautseite in einer vorgeheizten Pfanne kross nachbraten.

2. Die Senfkörner waschen. Schalotten fein schneiden und in Butter anschwitzen, mit Weißwein, Apfelsaft, Balsamico und Himbeer-Essig ablöschen und den Geflügelfond zugießen. Ca. 1 ½ Stunden langsam köcheln lassen, so dass die Flüssigkeit auf ein Drittel reduziert wird, dann durch ein Sieb gießen. Weißwein und Consommé in einem Topf auf ein Viertel reduzieren, die Butter darin verkochen und die Senfkörner unterrühren. Kurz vor dem Anrichten erhitzen und den Schnittlauch hinzufügen.

3. Zwiebeln schälen und in feine Würfel schneiden. Zucker in einem mittelgroßen Topf karamellisieren und mit Rotwein, Portwein, Cassis und Kalbsfond ablöschen. Rote Zwiebeln und Lorbeerblätter hinzufügen, dann ca. 30 Minuten bei mittlerer Hitze köcheln lassen. Mit Salz und Pfeffer würzen, nochmals 10 Minuten köcheln lassen und anschließend Butter dazugeben und unterrühren. Die Zwiebeln sollten eine leicht sämige Konsistenz haben.

4. Kartoffeln als Pellkartoffeln kochen, pellen und durch eine Presse drücken. Mit Muskat, Salz und Pfeffer würzen. Eigelb, Parmesan, gehackten Thymian und Stärke unterarbeiten, bis ein glatter Teig entsteht. Diesen auf 2 Lagen des Strudelteiges streichen und zu einer Roulade rollen. Die Roulade erst straff in Frischhaltefolie und dann in Alufolie einrollen. Im Dampf je nach Dicke ca. 20 Minuten lang pochieren. Danach im Kühlschrank auskühlen lassen.

5. Das Zwiebelconfit in der Mitte des Tellers anrichten. Die Entenbrüste in Scheiben aufschneiden und gleichmäßig auf die vier Teller aufteilen. Die angebratene Kartoffelroulade links an die Zwiebeln legen. Mit der Senfsauce angießen. (Rezept weiter auf Seite 90)

Für 4 Personen

1 Ente von ca. 2,2 kg
(Brüste und Keulen vom Metzger auslösen lassen, Knochen ebenfalls klein hacken lassen)

Erster Gang
Rosa Brust mit Senfkörner-Schnittlauch-Sauce

Entenbrüste
2 Entenbrüste
1 Zweig Rosmarin
Öl zum Braten

Senfkörnersauce
30 g Senfkörner, 60 g Schalotten
10 g Butter
500 ml Weißwein, 250 ml Apfelsaft
1 EL alter Balsamico
1 EL Himbeeressig
500 ml Geflügelfond
2 EL fein geschnittener Schnittlauch
Prise Zucker, 2 EL Weißwein
400 ml Consommé
150 g Butter

Zwiebelconfit
500 g rote Zwiebeln
2 EL Zucker, 300 ml Rotwein
150 ml roter Portwein
15 ml Cassislikör
70 ml heller Kalbsfond
(siehe Seite 67)
3 Lorbeerblätter, 30 g Butter

Kartoffelroulade
600 g Kartoffeln, mehlig kochend
Muskat, Meersalz
Pfeffer aus der Mühle
3 Eigelb
50 g Parmesan
1 EL frischer Thymian
2 EL Speisestärke
Butterfett zum Braten
1 Packg Strudel- oder Filoteig

Ente in 2 Gängen serviert

Rosa Entenbrust mit Senfkörner-Schnittlauch-Sauce
Geschmorte Entenkeule auf Selleriepüree

Zweiter Gang
Geschmorte Keule auf Selleriepüree und Orangensauce

Entenkeulen
2 Entenkeulen
2 Karotten
2 Zwiebeln
2 Stangen Staudensellerie
1 gehäufter TL Tomatenmark
1 Lorbeerblatt
100 ml Portwein
200 ml Rotwein
Öl zum Braten
Kerbel für die Garnitur

Orangensauce
2 Orangen
20 ml Grand Marnier
1 TL Butter
150 ml Entensauce (siehe oben)
Meersalz
Pfeffer
Zucker

Selleriepüree
500 g Knollensellerie
Saft von ½ Zitrone
80 g Butter
Meersalz, Pfeffer aus der Mühle
Muskat
2 EL geschlagene Sahne

6. Für den zweiten Gang die Entenkeulen in einem Topf mit etwas Öl kross anbraten, dann aus dem Topf nehmen und beiseite stellen. Die Knochen in demselben Topf goldbraun rösten. Karotten, Zwiebeln und Sellerie in 1 cm x 1 cm große Würfel schneiden, zu den gerösteten Knochen geben und einige Minuten rösten. Das Tomatenmark hinzufügen, kurz mitrösten, dann mit Portwein und Rotwein ablöschen. Den Ansatz etwas reduzieren lassen, dann das Lorbeerblatt und die gebratenen Keulen dazugeben und das Ganze mit Wasser auffüllen, bis der Ansatz bedeckt ist. Zugedeckt bei geringer Hitze ca. 90 Minuten schmoren. Wenn die Keulen gar sind, aus dem Topf nehmen und abgedeckt auf einem Teller auskühlen lassen. Die Sauce durch ein Tuch passieren und einreduzieren lassen.

7. Die Haut entfernen, die Keulen in der Mitte des Gelenks halbieren und von beiden Seiten mit einem leichten Dreh das Fleisch von den Knochen lösen. Die 4 Fleischstücke in einen kleinen Topf geben und vor dem Anrichten mit etwas Orangensauce aufwärmen.

8. Die Orangen filetieren und den Saft auffangen. Die Butter in einem Topf nussig schmelzen, die Orangenfilets und den Saft hinzufügen. Mit Grand Marnier ablöschen und auf die Hälfte reduzieren lassen. Den Ansatz mit der Entensauce auffüllen und nach Geschmack und Konsistenz einkochen. Gegebenenfalls mit Salz, Pfeffer und Zucker nachschmecken.

9. Den Sellerie schälen und würfeln. In abgeschmecktem Zitronenwasser sehr weich kochen, dann das Wasser restlos abschütten und den Sellerie gut ausdampfen lassen. Diesen dann mit der Butter und den Gewürzen in einem Mixer fein pürieren. Kurz vor dem Anrichten die geschlagene Sahne untermengen. Das Selleriepüree auf dem Teller anrichten. Die in der Sauce zuvor erwärmten Keulenstücke darauf anrichten. Mit der erwärmten Orangensauce angießen und mit Kerbel garnieren.

Rehrücken und gebratene Jakobsmuschel

an Selleriepüree, Rosenkohlblättern und Cranberry-Crêpe

Für 4 Personen

Rehrücken und Jakobsmuscheln
4 Rehrückenfilets à 100 g
4 Jakobsmuscheln, ausgelöst
etwas Thymian und Rosmarin
20 g Butter
Olivenöl zum Braten

Selleriepüree
500 g Knollensellerie
Saft von ½ Zitrone
80 g Butter
2 EL geschlagene Sahne
Meersalz
Pfeffer
Zucker
Muskat

Rosenkohlblätter
300 g Rosenkohl
etwas Butter
Meersalz, Zucker
Pfeffer aus der Mühle

Cranberry-Crêpes
3 Eier
100 g Mehl
80 ml Milch (ca. 1 Tasse)
Prise Salz
etwas Muskat
Butterfett zum Braten
100 g Cranberries
30 g Zucker
1 TL Zitronenabrieb
1 TL Orangenabrieb
4 EL Portwein
4 EL Rotwein
Meersalz
Muskat

Wildsauce
(ergibt 1,5 Liter, muss ca. 2 ¼ Stunden garen)
3 EL Erdnussöl

1. Den Rehrücken salzen und pfeffern und rundum in der geschmolzenen Butter mit Rosmarin und Thymian goldgelb anbraten. Kurz vor dem optimalen Garpunkt das Fleisch herausnehmen und auf einem Schneidebrett kurz ruhen lassen. Die gewürzten Jakobsmuscheln in einer separaten Pfanne von beiden Seiten in Olivenöl goldbraun anbraten.

2. Den Sellerie schälen und würfeln und in abgeschmecktem Zitronenwasser sehr weich kochen. Das Wasser restlos abschütten und den Sellerie gut ausdampfen lassen. Dann mit der Butter und den nach Geschmack zugegebenen Gewürzen in einem Mixer fein pürieren. Kurz vor dem Anrichten die geschlagene Sahne untermengen.

3. Den Rosenkohl putzen, anschließend den Strunk entfernen und die einzelnen Blätter zupfen. Die Rosenkohlblätter kurz in Salz-Zucker-Wasser blanchieren und in Eiswasser abschrecken. In einer Pfanne in etwas Butter anschwenken und mit Salz und Pfeffer würzen.

4. Die Eier mit dem gesiebten Mehl und der Milch zu einem glatten Teig verrühren und mit einer Prise Salz und etwas Muskat abschmecken. Eine beschichtete Pfanne aufstellen und bei mittlerer Hitze einen Stich Butterfett hinzugeben, etwas Teig hinzufügen und die Crêpe ausbacken. Eine weitere Pfanne aufstellen, den Zucker karamellisieren, die Cranberries, Zitronen- und Orangenabrieb hinzufügen, mit Portwein und Rotwein ablöschen und dann langsam einköcheln lassen, bis die Masse sirupartig eingekocht ist. Die Crêpe beliebig groß ausstechen, die Innenseite dünn mit der Cranberrymasse bestreichen, auf die Hälfte einschlagen, nochmals einstreichen, dann vierteln.

5. Für die Wildsauce: Den Backofen auf 220 °C vorheizen. Das Öl im Bräter erhitzen, die Wildknochen und -abschnitte hineinlegen und im heißen Backofen anrösten; zwischendurch mit einem Schaumlöffel wenden. Sobald die Wildabschnitte kräftig gebräunt sind, Möhren, Zwiebeln und Knoblauch untermischen und 5 Minuten mitbraten. Mit einem Schaumlöffel den Inhalt des Bräters in einen großen Topf oder eine Kasserolle geben. Überschüssiges

Rehrücken und gebratene Jakobsmuschel

an Selleriepüree, Rosenkohlblättern und Cranberry-Crêpe

2 kg Knochen und Abschnitte von Haar- oder Federwild, klein gehackt
150 g Möhren, in Scheiben geschnitten
150 g Zwiebeln, grob zerteilt
½ Knoblauchknolle, quer durchgeschnitten
500 ml Rotwein (vorzugsweise Côtes du Rhône)
500 ml Kalbsfond (siehe Seite 67)
8 zerdrückte Wacholderbeeren
8 zerdrückte Korianderkörner
1 Bouquet garni mit 2 Salbeiblättern und 1 Stück Staudensellerie

100 g Pistazien, fein gehackt
200 ml Wildsauce (siehe Seite 91)

Fett aus dem Bräter abgießen und den Bratensatz mit dem Rotwein ablöschen.

6. Bei starker Hitze die Flüssigkeit um die Hälfte reduzieren, anschließend in den Topf zu den anderen Zutaten gießen. Mit 2 l kaltem Wasser aufgießen und bei starker Hitze aufkochen lassen. Die Temperatur herunterschalten und die Flüssigkeit bei schwacher Hitze 10 Minuten köcheln lassen, den Schaum abschöpfen und die restlichen Zutaten mit in den Topf geben. Bei milder Hitze offen zwei Stunden köcheln lassen, gegebenenfalls zwischendurch abschäumen. Den Wildfond durch ein feines Sieb abseihen und so schnell wie möglich erkalten lassen. Falls ein intensiverer Geschmack gewünscht wird: den durchgeseihten Fond weiter einkochen, bis sich die Flüssigkeit um ein Drittel reduziert hat. Der Wildfond kann wie alle anderen Fonds einige Tage im Kühlschrank aufbewahrt werden. Eingefroren hält er sich mehrere Monate.

7. Einen Esslöffel des Selleriepürees in der Mitte des Tellers anrichten. Rechts davon einige Rosenkohlblätter anrichten, daran die Jakobsmuschel setzen. Die Crêpes an der linken Seite des Pürees anlegen. Den Rehrücken vor dem Anrichten von der Oberseite in den fein gehackten Pistazien wälzen, dann anschneiden. Das Rehrückenfilet auf das Selleriepüree setzen. Mit der erwärmten Wildsauce umgießen.

Schwäbisch-Hällischer Schweinebauch

mit Schnippelbohnen und Kartoffelpüree

Für 4 Personen

Schweinebauch
am Vortag zubereiten
1 kg Schweinebauch, knorpel- und rippenfrei
einige Zweige Rosmarin und Thymian
etwas Olivenöl zum Braten
1 EL grober Senf

1 Vakuumierbeutel

Sauce
100 ml Portwein
50 g violetter Senf
200 ml Kalbssauce (siehe Seite 67)

Schnippelbohnen
200 g breite Bohnen
1 Schalotte
Butter
Meersalz
Pfeffer aus der Mühle
Muskat

Kartoffelpüree
500 g Kartoffeln, vorwiegend festkochend
100 ml Milch
100 ml Sahne
etwas Butter
Meersalz
Pfeffer aus der Mühle
Muskat

1. Den Schweinebauch von beiden Seiten mit Salz und Pfeffer würzen, dann auf der Fleischseite mit dem Senf bestreichen. Von beiden Seiten mit den Kräutern bedecken und mit etwas Olivenöl in den Vakuumierbeutel geben, dann vakuumieren. Den Schweinebauch bei 61 °C im Wasserbad ca. 16–18 Stunden garen. Den fertig gegarten Bauch aus dem Wasserbad nehmen. Den Beutel öffnen und die Kräuter entfernen. Den Schweinebauch mit Küchenpapier trocken tupfen, dann in einer Pfanne bei mittlerer Hitze mit etwas Olivenöl von der Hautseite kross braten. (Tipp: Mit einem Topf in der Pfanne beschweren, damit die Kruste gleichmäßig bräunt.) Dann herausnehmen und in 4 Portionen schneiden.

2. Für die Sauce den Portwein auf die Hälfte reduzieren, den Senf hinzufügen und mit der Kalbssauce auffüllen. Nochmals 5 Minuten leicht köcheln lassen und eventuell mit Salz und Pfeffer nachschmecken. Anschließend beiseite stellen und vor dem Anrichten kurz aufkochen.

3. Die breiten Bohnen schräg in feine Streifen schneiden, in kochendem Salz-Zucker-Wasser weich kochen und im Eiswasser abschrecken. Vor dem Anrichten in einer Pfanne mit etwas Butter und der Schalotte anschwenken, mit Salz, Pfeffer und Muskat abschmecken.

4. Die Kartoffeln gar kochen und gut ausdampfen lassen. Die Milch und die Sahne zugeben, kurz erwärmen und dann zu Püree stampfen. Nach Geschmack durch ein Sieb geben. Mit Salz, Pfeffer und Muskat würzen und auf den Teller geben. Die Bohnen in der Mitte des Tellers anrichten, den Schweinebauch daraufsetzen, das Kartoffelpüree daneben anrichten und mit der erwärmten Sauce umgießen.

Kalbsfilet unter der Artischockenkruste

mit Gonsenheimer Spargel, Morcheln, Sherrysauce
und gebratener Kartoffelroulade

Für 4 Personen

5 Artischocken mit Stiel
1 Zitrone
50 g Kirschtomaten
50 g Butter
1 Eigelb
1 EL französischer Senf
50 g geriebene Weißbrotkrume
natives Olivenöl extra
Meersalz
Pfeffer

4 Kalbsfilets à 140 g

Gonsenheimer Spargel
600 g weißer Spargel
Butter
Meersalz
Saft von 1 Zitrone
etwas Zucker

Kartoffelroulade
600 g Kartoffeln
Muskat
Meersalz
Pfeffer aus der Mühle
3 Eigelb
50 g Parmesan
1 EL Thymian
2 EL Speisestärke
1 Packg Strudel- oder Filoteig
Butterfett zum Braten
50 ml Kalbssauce
(siehe Seite 67)
200 ml Sherrysauce
(siehe Seite 72)

120 g Morcheln
1 Schalotte, fein gewürfelt
etwas Olivenöl
20 ml Sherry

1. Stiele der Artischocken abtrennen und beiseite legen, die Außenblätter entfernen, Artischocken halbieren, das „Heu" ausschaben und Boden in Zitronenwasser legen. Zwei Drittel der Artischockenböden in dünne Lamellen schneiden und in 2 EL Olivenöl andünsten. Tomaten untermischen, salzen und fertig garen. Artischockenstiele schälen und in dünne Scheiben schneiden, in wenig Olivenöl weich dünsten, im Mixer pürieren und durch ein Sieb passieren. Die restlichen Artischocken klein würfeln und zu dem Püree mengen. Butter weich werden lassen, schaumig schlagen, Eigelb hinzufügen und kurz weiterschlagen. Mit einem Holzlöffel das Artischockenpüree unter die Butter-Eigelb-Masse ziehen. Mit Senf, Weißbrotkrumen und etwas Olivenöl verrühren und mit Salz und Pfeffer abschmecken.

2. Kalbsfilet salzen, pfeffern und bei guter Hitze in Olivenöl auf beiden Seiten anbraten. Auf ein Blech legen und bei 70 °C für ca. 45 Minuten in den Backofen schieben. Mit der Artischockenmasse überziehen und für wenige Minuten in dem auf 220 °C vorgeheizten Ofen gratinieren, bis die Kruste knusprig wird und Farbe annimmt.

3. In einem großen Topf Wasser zum Kochen bringen, mit Butter, Salz, Zucker und Zitrone abschmecken. Spargel schälen, die holzigen Enden abschneiden und 6–8 Minuten – je nach Dicke des Spargels – in dem Fond garen. Danach den Spargel in etwas geschmolzener Butter anschwenken und mit Salz und Zucker abschmecken.

5. Kartoffeln als Pellkartoffeln kochen, pellen und durch eine Presse drücken. Mit Muskat, Salz und Pfeffer würzen. Eigelb, Parmesan, gehackten Thymian und Stärke unterarbeiten, bis ein glatter Teig entsteht. Teig auf 2 Lagen des Strudelteiges aufstreichen und zu einer Roulade rollen, erst straff in Frischhaltefolie und dann in Alufolie einrollen. Dann im Dampf je nach Dicke ca. 20 Minuten lang pochieren, im Kühlschrank auskühlen lassen. Vor dem Anrichten die Roulade auspacken, in Scheiben schneiden und in Butterfett goldgelb braten. Schalotte mit etwas Olivenöl glasig schwitzen. Geputzte Morcheln hinzufügen und in der Pfanne schwenken. Mit Salz und Pfeffer abschmecken und mit dem Sherry ablöschen. Den Sherry verkochen lassen, dann anrichten.

Pochierter Kalbstafelspitz

und gebratenes Kalbsbries auf „Bergmannsspargel" in Rahm und Maximekartoffeln

Für 4 Personen

Tafelspitz & Bries
800 g sehnenfreier Kalbstafelspitz
80 g Kalbsbries, geputzt
3 Rosmarinzweige
5 Thymianzweige
etwas Olivenöl zum Braten
etwas Mehl
20 g Butter
1 Vakuumierbeutel

„Bergmannsspargel"
2 Schalotten
500 g Schwarzwurzeln
150 ml Kalbsfond
(siehe Seite 67)
100 ml Sahne
10–15 g Butter
10–15 g Mehl
Saft von 1 Zitrone
Meersalz
Pfeffer aus der Mühle
frisch geriebene Muskatnuss

Maximekartoffeln
4 mittelgroße Kartoffeln
eine kleine feuerfeste Form
etwas Butter zum Ausreiben
Meersalz
Pfeffer aus der Mühle
frisch geriebene Muskatnuss
125 ml Schlagsahne
200 ml Kalbssauce
(siehe Seite 67)

1. Den Tafelspitz mit Salz und Pfeffer würzen, in etwas Olivenöl mit 2 Rosmarin- und 4 Thymianzweigen von allen Seiten kräftig anbraten. Aus der Pfanne nehmen, kurz auskühlen lassen und mit den Kräutern vakuumieren. Den Tafelspitz dann im konstant 60 °C heißen Wasserbad ca. 60 Minuten lang pochieren. Kurz vor dem Anrichten das Kalbsbries würzen, leicht mehlieren und in etwas Olivenöl, Butter und den restlichen Kräutern goldgelb anbraten. Den Tafelspitz aus dem Beutel nehmen und ebenfalls in derselben Pfanne von allen Seiten nachgaren.

2. Die Schalotten schälen und fein würfeln. Dann in Butter glasig schwitzen, mit etwas Mehl bestäuben, mit Sahne und Kalbsfond auffüllen und mit Salz, Pfeffer und etwas Muskat abschmecken. Eventuell mit etwas Mehl nachdicken. Beim Schälen der Schwarzwurzeln empfiehlt es sich, Handschuhe zu tragen! Die geschälten Schwarzwurzeln für einige Minuten in Wasser mit Zitronensaft legen, damit sie nicht braun werden (oxidieren). Die Schwarzwurzeln in Salzwasser kochen, die Kochdauer der Wurzeln beträgt je nach Dicke ca. 4–6 Minuten, abgießen und gut ausdampfen lassen und in der Rahmsauce erwärmen.

3. Die Kartoffeln schälen, längs halbieren und in ca. 2 mm dünne Scheiben schneiden. Dann die Form ausbuttern, mit den Kartoffeln leicht gefächert auslegen, mit Salz, Pfeffer, Muskat würzen und mit der Sahne auffüllen. Im auf 175 °C vorgeheizten Backofen für ca. 30–40 Minuten backen.

4. Den „Bergmannsspargel" in der Mitte des Tellers anrichten, 2–3 Scheiben Tafelspitz darauflegen. Die Maximekartoffeln an den Spargel legen und das Kalbsbries darum herum verteilen. Zum Schluss mit etwas erwärmter Kalbssauce umgießen.

Desserts

Zweierlei Karamell mit Preiselbeeren
Rhabarber-Erdbeer-Lasagne
Nougat-Halbgefrorenes mit Gewürzapfel-Lasagne
Schokoladencannelloni mit Apfel-Kiwi-Kompott
Rote Grütze mit Mascarponeschaum
Tiramisù von weißer Schokolade

Zweierlei Karamell mit Preiselbeeren

und Schokoladensalzcrisp

Für 4 Personen

Karamellparfait
25 cl Milch
200 g Zucker
3 Eier
340 g geschlagene Sahne
75 ml flüssige Sahne

Karamellisierter Blätterteig
500 g Blätterteig mit hohem Butteranteil (im Feinkostladen erhältlich)
ca. 100 g Puderzucker

Marinierte Preiselbeeren
müssen am Vortag vorbereitet werden
300 g Preiselbeeren
120 g Zucker
1 Zweig Rosmarin
10 ml Weißwein

Schokoladensalzcrisp
75 g Zucker
1,5 g Apfelpektin
25 g gesalzene Butter
25 g Kakaomasse
5 g Kakaopulver
20 g Glukose
40 ml Wasser
Fleur de Sel

1. Die Milch mit den Eiern auf dem Wasserbad bis 80 °C aufschlagen, danach mit dem Schneebesen in der Küchenmaschine wieder kalt schlagen für ca. 8 Minuten. Den Zucker in einem Topf karamellisieren und mit der flüssigen Sahne ablöschen. So lange köcheln lassen, bis der Zucker sich aufgelöst hat. Danach den Karamell erkalten lassen und zu den aufgeschlagenen Eiern geben. Die geschlagene Sahne unterheben, dann die Masse in einen rechteckigen Behälter gießen, so dass sich eine Füllhöhe von 1 cm ergibt. Im Eisfach gefrieren lassen.

2. Den Blätterteig auf 3 mm Stärke ausrollen, in 3 cm x 7 cm Dreiecke schneiden, auf ein mit Backpapier ausgelegtes Backblech legen und mit Backpapier und einem Backblech beschwert im vorgeheizten Backofen bei 200 °C ca. 12 Minuten goldgelb backen. Nach dem Auskühlen vollständig mit Puderzucker bestäuben und unter dem Grill auf der obersten Schiene im Ofen karamellisieren lassen. Anschließend die Platten wenden und den Vorgang auf der anderen Seite wiederholen.

3. Die Preiselbeeren mit Zucker und Weißwein in der Rührmaschine auf kleinster Stufe ca. 30 Minuten vermengen. Den Rosmarinzweig dazugeben und das Ganze in einem luftdichten Behälter 24 Stunden ziehen lassen.

4. Den Zucker und das Apfelpektin vermischen. Die Butter mit Kakaomasse und Glukose in einem Topf schmelzen, das Kakaopulver hinzufügen und das Wasser bei mittlerer Hitze einrühren, bis eine sämige Konsistenz erreicht wird. Die Masse im Kühlschrank auskühlen lassen, anschließend mit einer Palette auf Backpapier aufstreichen (in der Größe eines Backblechs), dann auf ein Backblech legen und bei 180 °C ca. 10 Minuten backen. Aus dem Ofen nehmen und sofort mit etwas Salz bestreuen. Auskühlen lassen und in einer luftdichten Dose aufbewahren.

5. Das Parfait in 3 cm x 7 cm große Rechtecke schneiden und auf beiden Seiten mit dem karamellisierten Blätterteig zu einem Sandwich zusammensetzen. Die Preiselbeeren kreisförmig anrichten und das Parfait in die Mitte setzen, mit dem Schokoladensalzcrisp garnieren.

Rhabarber-Erdbeer-Lasagne

mit geschmolzenem Spargel und bengalischem Pfeffereis

Für 4 Personen

Rhabarberkompott
300 g geschälter Rhabarber
1 Vanilleschote
250 ml Wasser
180 g Zucker

Erdbeerragout
300 g Erdbeeren
Puderzucker
10 ml Grand Marnier

Mascarponecreme
150 g Mascarpone
1 Blatt Gelatine
30 g Puderzucker
1 Vanilleschote
Abrieb von je ¼ Zitrone und Orange

Erdbeerhippen
125 g weiche Butter
60 g Mehl, 180 g Zucker
100 ml Erdbeersauce (gesüßt)

Geschmolzener Spargel
4 Stangen Spargel
½ Vanilleschote
1 EL Honig
100 ml Orangensaft (frisch gepresst)
30 g Zucker
Prise Salz
Saft von ½ Limette
10 g Butter

Erdbeersorbet mit bengalischem Pfeffer
muss 24 Stunden ziehen
500 g Erdbeerpüree
2 Schoten bengalischer Pfeffer
120 g Zucker, 70 g Glucose
150 ml Wasser

Rhabarberchips
1 Stange Rhabarber
50 ml Wasser
70 g Zucker

1. Rhabarber in 5 mm x 5 mm große Würfel schneiden. Wasser, Zucker und Vanilleschote aufkochen und über die Rhabarberwürfel gießen. Noch heiß mit Frischhaltefolie abdecken und ziehen lassen. Erdbeeren würfeln (5 mm x 5 mm) und mit gesiebtem Puderzucker bestäuben. Grand Marnier dazugeben und vorsichtig vermengen. 20 g Mascarpone leicht erwärmen und die eingeweichte Gelatine darin auflösen. Übrige Zutaten glatt rühren und mit der Mascarpone-Gelatine verrühren. Alles vermengen, in einen Spritzbeutel mit kleiner Lochtülle geben und kühl stellen.

2. Butter und Zucker schaumig schlagen. Erdbeersauce dazugeben und zum Schluss bei mäßiger Geschwindigkeit das Mehl einrühren. Zwei Minuten weiterrühren lassen, dann für mindestens zwei Stunden kühl stellen. Anschließend portionsweise auf Backpapier streichen und bei 170 °C langsam backen lassen.

3. Spargel schälen, halbieren und die Hälfte nochmals achteln. Honig in einer Sauteuse mit Vanilleschote schmelzen lassen, Spargel dazugeben und leicht karamellisieren. Mit Orangensaft ablöschen und einköcheln lassen. Zucker, Salz und Limettensaft hinzufügen. Zum Schluss die Butter dazugeben.

4. Pfeffer mörsern und 24 Stunden im Erdbeerpüree ziehen lassen. Restliche Zutaten zu einem Sirup kochen, auskühlen lassen, mit dem Erdbeerpüree mischen und in der Eismaschine frieren lassen.

5. Rhabarber waschen, in 8 cm lange Stücke und dann in dünne Streifen schneiden. Wasser und Zucker zu einem Sirup kochen und abkühlen lassen, Rhabarberstreifen damit übergießen und vakuumieren. Sirup durchziehen lassen und die Rhabarberscheiben herausnehmen. Auf ein mit Backpapier ausgelegtes Blech glatt auflegen und bei 60 °C drei Stunden trocknen lassen.

6. Etwas Rhabarberkompott in einen viereckigen Ausstecher (8 cm x 8 cm) geben und mit Erdbeerkompott bedecken. Mascarponecreme darauf anrichten und die Erdbeerhippe daraufsetzen. Spargel um die Lasagne anrichten, mit Sorbet und Chips garnieren.

Nougat-Halbgefrorenes mit Gewürzapfel-Lasagne

und Safrancreme

1. Eigelb weiß-schaumig schlagen. Zucker und Wasser auf 121 °C kochen und in einem dünnen Strahl in das Eigelb bei laufender Maschine einlaufen lassen, danach die Masse ca. 5 Minuten weiter schlagen. Nougat und Schokolade in der erwärmten Milch auflösen, Cognac dazugeben und unter die Eigelbmasse heben. Geschlagene Sahne unterheben und in eine rechteckige Form füllen. Im Gefrierschrank mindestens 4 Stunden gefrieren lassen.

2. Zucker karamellisieren, am Rauchpunkt die Gewürze und die gewürfelte Butter dazugeben, vom Herd nehmen und mit einem Holzlöffel so lange rühren, bis Zucker und Butter sich vollständig verbunden haben. Karamell auf einem Blech mit Backpapier erkalten lassen. Anschließend zerkleinern und im Mixer pulverisieren.

3. Äpfel schälen, Kerngehäuse entfernen und in feine Scheiben schneiden. In eine Auflaufform eine Lage Äpfel legen, mit dem Karamellpulver gleichmäßig bestreuen. Vorgang mindestens 7-mal wiederholen, dann bei 190 °C im Ofen backen, bis man mit einem kleinen Messer leicht durchstechen kann, aus dem Ofen nehmen und erkalten lassen.

4. Flüssige Sahne mit dem Safran aufkochen und die Schokolade darin auflösen. Ei und Eigelb auf dem Wasserbad cremig aufschlagen, die Schokoladen-Safran-Sahne zu der Eimasse geben. Gelatine in kaltem Wasser 4 Minuten einweichen lassen, ausdrücken und in die noch warme Schoko-Eimasse einrühren. Geschlagene Sahne unterheben und in eine Schüssel abfüllen. Abgedeckt im Kühlschrank 3 Stunden durchkühlen lassen.

5. Apfelsaft mit Zucker und Safran einkochen lassen, bis es leicht andickt, vom Herd nehmen und mit Limettensaft abschmecken. Das Nougat in ein Rechteck von 3 cm x 7 cm schneiden und mit Kakaopulver bestäuben. Die Apfellasagne in Rauten mit 2,5 cm Kantenlänge schneiden. Von der Safrancreme mit einem Löffel eine Nocke abstechen, auf dem Teller anrichten und mit der Sauce garnieren.

Für 4 Personen

Nougat-Halbgefrorenes
(muss 4 Stunden einfrieren)
100 g Eigelb
100 g Zucker
50 ml Wasser
Mark von ½ Vanilleschote
50 g Bitternougat
50 g Nussnougat
50 g Zartbitterschokolade
60 ml Milch
25 ml Cognac
500 ml Sahne
Kakaopulver zum Bestäuben

Gewürzapfel-Lasagne
250 g Zucker
5 g Zimtpulver
Mark von ½ Vanilleschote
75 g Butter
6 Granny-Smith-Äpfel

Safrancreme
25 ml flüssige Sahne
1 g Safranfäden
125 g weiße Schokolade
1 Ei
1 Eigelb
2 Blatt Gelatine
250 ml geschlagene Sahne

Apfelsafransauce
100 ml Apfelsaft
10 g Zucker
ca. 10 Fäden Safran
etwas Limettensaft

Schokoladencannelloni mit Apfel-Kiwi-Kompott

Für 6 Personen

Cannelloni
200 g Zartbitterschokolade
6 dickere Folienstücke
(8 cm x 15 cm)

Mousse
45 g Butter
15 g Puderzucker
2 Eigelb (Zimmertemperatur)
90 g weiße Kuvertüre
3 EL Kirschwasser, lauwarm
200 g geschlagene Sahne

Apfel-Kiwi-Kompott
2 Kiwis
1 Granny Smith
100 ml Weißwein
100 ml Wasser
3–4 EL Zucker
1 Limone
1 TL Vanillepuddingpulver

2 EL Himbeer- oder Erdbeermark
Zitronenmelisse zum Garnieren

1. Zur Herstellung der Cannelloni die Zartbitterschokolade über einem Wasserbad auf ca. 32 °C temperieren. Die Folienstreifen zu zwei Drittel mit der Schokolade bestreichen und zu Röllchen formen. In einen Eierkarton hineinlegen (so bleibt die Cannelloni rund) und auskühlen lassen.

2. Die weiche Butter und den Zucker schaumig schlagen, Eigelb zugeben und ca. 5 Minuten weiter schlagen. Die Kuvertüre in grobe Stücke schneiden und in einer Metallschüssel im Wasserbad schmelzen. Mit dem Schneebesen das Kirschwasser und die geschmolzene Kuvertüre unter die Butter-Eigelb-Masse ziehen, zum Schluss die geschlagene Sahne unterheben. Die Mousse in eine flache Schüssel füllen und zum Erstarren für mindestens 2–3 Stunden in den Kühlschrank stellen.

3. Die Kiwis und den Apfel schälen, in ca. 8 mm x 8 mm große Würfel schneiden und separat aufbewahren. Aus dem Weißwein, dem Wasser, dem Zucker, Saft und Abrieb einer halben Limone einen Fond herstellen. Diesen dann so lange kochen, bis der Alkoholgehalt des Weins verkocht ist, diesen dann mit dem Puddingpulver binden. Die Apfelwürfel zugeben, kurz aufkochen, in eine Schüssel umfüllen und kalt stellen. Vor dem Anrichten die Kiwiwürfel unter die Äpfel geben.

4. Das Apfel-Kiwi-Kompott mithilfe eines Rings auf den Tellern anrichten. Die weiße Mousse und Zitronenmelisse in die Cannelloni füllen und neben das Apfel-Kiwi-Kompott legen. Mit etwas Fruchtmark und Zitronenmelisse dekorieren.

Rote Grütze mit Mascarponeschaum

und Mandelkrokant

Für 4 Personen

Rote Grütze
1 kg geputzte Beeren
150 g Zucker
Saft von je 1 Orange und Zitrone
125 ml Rotwein
40 g Speisestärke
1 Blatt Gelatine
50 ml Wasser
Mark von 1 Vanilleschote

Mascarponeschaum
225 g Mascarpone
60 ml Milch
60 ml Läuterzucker
7 ml Grand Marnier
10 ml Zitronensaft

Mandelkrokant
150 g Zucker
2,5 g Apfelpektin
100 g Butter
50 g Glukose
50 ml Wasser
30 g Mandelblättchen

1. Aus dem Wasser und dem Zucker zu einem hellen Karamell kochen. 400 g Beeren pürieren, passieren und zu dem Karamell geben. Aufkochen lassen und mit der Speisestärke binden. Die Gelatine für mindestens 4 Minuten in kaltem Wasser einweichen, ausdrücken und in dem warmen Grundfond auflösen, dann erkalten lassen. Die restlichen Beeren und das Vanillemark dazugeben und 2 Stunden abgedeckt im Kühlschrank ziehen lassen.

2. Alle Zutaten für den Mascarponeschaum gut vermengen und in eine Espumaflasche füllen, zwei Gaspatronen aufdrehen und kopfüber in Eiswasser stellen.

3. Das Pektin und den Zucker vermischen. Die Butter und die Glukose in einem Topf schmelzen lassen, die Zucker-Pektin-Mischung dazugeben und aufkochen lassen. Das Wasser bei mittlerer Hitze langsam unterrühren, dann kalt stellen. Die Hippenmasse mit einer Palette auf Backpapier streichen, mit den Mandelblättchen bestreuen und bei 180 °C ca. 8–10 Minuten im vorgeheizten Backofen backen. Auskühlen lassen und in einer luftdichten Dose aufbewahren.

4. Die Rote Grütze gleichmäßig auf die Teller verteilen und die Mandelhippe am Tellerrand auflegen. Kurz vor dem Servieren den Mascarponeschaum auf Löffeln anrichten.

Tiramisù von weißer Schokolade

mit pochierten Feigen und kandiertem Salbei

Für 4 Personen

Tiramisù
¼ l heißer frisch gebrühter Kaffee
1 TL Espressopulver
100 g brauner Zucker
8 EL Madeira
4 EL Amaretto
1 l Sahne
250 g weiße Kuvertüre
4 Eigelb
1 Prise Salz
75 g Zucker
2 Blatt Gelatine
4 EL Wodka

Biskuit
5 Eier
125 g Zucker
125 g Mehl
20 g Kakaopulver
200 g Schokoflocken

Pochierte Feigen
müssen ca. 4 Stunden ziehen
8 Feigen
200 ml roter Portwein
100 ml Cassislikör
125 ml Rotwein (Dornfelder)
etwas Honig
90 g Zucker
1 Vanilleschote
½ Zimtstange
2 Nelken
4 Kardamomsamen

Kandierter Salbei
12 Salbeiblätter
75 ml Wasser
90 g Zucker

30 g Kakaopulver

1. Heißen Kaffee mit Espressopulver, braunem Zucker und Alkohol vermischen, erkalten lassen und 100 ml flüssige Sahne unterrühren. Kuvertüre im Wasserbad schmelzen. Eigelb mit Salz und weißem Zucker ebenfalls im Wasserbad schaumig schlagen, herausnehmen und kalt schlagen. Gelatine in kaltem Wasser einweichen. Wodka leicht erwärmen und ausgedrückte Gelatine darin auflösen, mit der geschmolzenen Kuvertüre unter die Eigelbmasse ziehen. Restliche Sahne leicht steif schlagen und unter die Masse heben.

2. Backofen auf 200 °C vorheizen. Eier mit Zucker schaumig schlagen, gesiebtes Mehl und Kakaopulver vorsichtig unterheben. Biskuitmasse auf einem mit Backpapier ausgelegten Backblech gleichmäßig verstreichen und im heißen Ofen ca. 10 Minuten backen. Herausnehmen, stürzen, Backpapier entfernen und Biskuit erkalten lassen; zuschneiden und in eine Auflaufform legen, mit ein wenig Kaffee beträufeln und einen Teil der weißen Schokoladenmousse darauf verteilen. Vorgang so oft wiederholen, bis die Zutaten verbraucht sind. Mit Schokoflocken bestreuen und für ca. 2 Stunden kühl stellen.

3. Feigen schälen, Zucker karamellisieren lassen und mit dem Rotwein ablöschen; Portwein aufgießen und auf die Hälfte reduzieren lassen. Gewürze dazugeben, aufkochen lassen und anschließend Cassislikör und Honig hinzufügen. Cassisfond 30 Minuten ziehen lassen und in eine Pfanne geben, Feigen hineinstellen, kurz aufkochen lassen und mit Aluminiumfolie abdecken. Bei 190 °C ca. 10–12 Minuten im Ofen backen lassen. Feigen aus der Pfanne nehmen und in eine kleinere Schüssel geben, mit der Sauce bedecken und mindestens vier Stunden ziehen lassen.

4. Wasser und Zucker aufkochen, im Eiswasser erkalten lassen. Salbeiblätter in einen Vakuumbeutel geben, mit Läuterzucker auffüllen, vakuumieren und 30 Minuten ziehen lassen. Salbei auf ein mit Backpapier ausgelegtes Blech legen und bei 65 °C im Ofen ca. drei Stunden bei Ober- und Unterhitze trocknen lassen. Das Tiramisù mit einem runden Ausstecher von 4 cm Durchmesser ausstechen und mit Kakaopulver bestäuben. Feigen leicht erwärmen, anrichten, mit Sauce und kandiertem Salbei garnieren.

Sorbets

Apfel-Staudensellerie-Sorbet
Kombucha-Sorbet mit grünem Tee und Ingwer
Kirschtomatensorbet mit Gin-Espuma
Limetten-Basilikum-Sorbet
Champagnergranité mit kandiertem Spargel
Mango-Lassi-Sorbet mit Wassermelone

Apfel-Staudensellerie-Sorbet

mit Maikrautschaum

Für 4 Personen

Apfel-Staudensellerie-Sorbet
6 Granny-Smith-Äpfel
75 g Staudensellerie
50 ml Wasser
25 g Glukose
50 g Zucker
Saft von 1 Zitrone

Maikrautschaum
muss 2 Stunden durchkühlen
65 g Zucker
120 ml Wasser
Mark von ½ Vanilleschote
500 ml Weißwein
Saft von 1 Zitrone
Saft von 1 Orange
1 großer Bund Waldmeister

Apfelragout
muss 5 Stunden trocknen
1 Granny-Smith-Apfel
4 EL Weißwein
2 EL Zucker
1 EL Limettensaft

Apfelchips für die Garnitur
1 Granny-Smith-Apfel
50 ml Wasser
60 g Zucker
10 ml Zitronensaft

1. Die Äpfel vierteln, das Kerngehäuse entfernen und mit dem klein geschnittenen und blanchierten Sellerie im Mixer zu einem sehr feinen Püree verarbeiten. Das Wasser mit der Glukose und dem Zucker aufkochen und danach wieder erkalten lassen. Die erkaltete Flüssigkeit und den Zitronensaft zu dem Apfelpüree geben und zu einer homogenen Masse mixen. Die Sorbetmasse in die Eismaschine füllen und frieren lassen. Das fertige Sorbet in den Gefrierschrank stellen.

2. Für den Maikrautschaum den Zucker mit Wasser, Vanillemark und Weißwein aufkochen, und danach 2 Minuten köcheln lassen. Den Zitronen- und Orangensaft dazugeben und den Sud vom Herd nehmen. Den Waldmeister waschen, trocken tupfen, in den Sud legen und eine Stunde abgedeckt ziehen lassen. Durch ein Sieb passieren und erkalten lassen. Den Waldmeisterfond in eine 1-Liter-Espumaflasche füllen, 3 Patronen Gas aufdrehen und im Kühlschrank kopfüber 2 Stunden lang durchkühlen lassen.

3. Den Apfel schälen und auf der Aufschnittmaschine in 4 mm dicke Scheiben schneiden. Danach gleichmäßig würfeln. Weißwein, Zucker und Limettensaft aufkochen, die Apfelwürfel darin bissfest kochen, dann vom Herd nehmen und auskühlen lassen.

4. Apfel für das Apfelragout auf der Aufschnittmaschine in sehr dünne Scheiben schneiden. Wasser und Zucker aufkochen und danach vollständig, am besten zwei Stunden lang in Kühlschrank auskühlen lassen. Dann den Zitronensaft hinzugeben. Die Apfelscheiben in einen Vakuumierbeutel nebeneinander legen, mit dem Zucker-Zitronensaft-Wasser angießen und auf höchster Stufe vakuumieren. Die Apfelscheiben aus dem Beutel nehmen, einzeln auf ein mit Backpapier ausgelegtes Backblech legen und bei 65 °C im Backofen ca. 5 Stunden trocknen lassen.

5. Einen Esslöffel Apfelragout in die Mitte des Tellers oder Glases setzen, etwas Maikrautschaum aufspritzen und mit einem heißen Löffel eine Nocke Apfelsorbet abstechen und auf dem Apfelragout anrichten. Mit dem Apfelchip garnieren.

Kombucha-Sorbet mit grünem Tee und Ingwer

Für 4 Personen

Kombucha-Sorbet
150 g Zucker
Saft von 1 Limone
330 ml Kombucha
4 cl Wodka

Gelierter grüner Tee
3 ½ Blatt Gelatine
250 ml Wasser
90 g Zucker
Mark von ½ Vanilleschote
15 g grüner Tee von bester Qualität
50 ml Zitronensaft
25 ml Wodka

100 g eingelegter Ingwer

1. Den Zucker mit dem Limonensaft aufkochen, ein Drittel des Kombucha einrühren. Nachdem der Fond abgekühlt ist, den restlichen Kombucha und den Wodka hinzugeben. Die Sorbetmasse in die Eismaschine füllen und frieren lassen. Das Sorbet in eine Schüssel füllen und im Gefrierschrank aufbewahren.

2. Die Gelatine in kaltem Wasser einweichen. Das Wasser, den Zucker und das Vanillemark aufkochen lassen, den grünen Tee dazugeben und 8–10 Minuten ziehen lassen. Durch ein Sieb passieren und die ausgedrückte Gelatine, Wodka und Zitronensaft dazugeben. In eine flache Schale füllen und für mindestens 1 Stunde in den Kühlschrank stellen. Dann das Gelee mit einem Ausstecher von 3 cm Durchmesser ausstechen und bis zum Anrichten kühl stellen.

3. Die Geleekreise in die Mitte des Glases legen, den eingelegten Ingwer zu Röllchen formen und seitlich an das Gelee setzen. Mit einem Löffel eine Nocke Sorbet abstechen und auf dem Gelee anrichten, dann zügig servieren.

Kirschtomatensorbet mit Gin-Espuma

und Ziegenfrischkäsestange

Für 4 Personen

Kirschtomatensorbet
1 kg sehr reife Kirschtomaten
5 g Salz
100 ml Läuterzucker
20 ml heller Balsamico
1 Msp Cayenne-Pfeffer

Ziegenfrischkäsestange
4 Blätter Filoteig
2 Eier
etwas Frittierfett
100 g Ziegenfrischkäse
4 Thymianzweige
Meersalz
Pfeffer aus der Mühle
4–5 EL Milch
1 Spritzbeutel

1. Für das Sorbet alle Zutaten sehr fein pürieren, dann durch ein Sieb gießen, damit alle Schalenstückchen und Kerne entfernt werden. In der Eismaschine frieren und im Gefrierschrank lagern.

2. Den Filoteig in 7 cm x 15 cm lange Streifen schneiden und drei Viertel davon mit den verquirlten Eiern bestreichen. Das nicht bestrichene Viertel um einen Holzlöffel legen, bis der Teig einmal vollständig um den Holzlöffelstiel gelegt ist. Dann mit dem mit Ei bestrichenen Teig weiter aufwickeln, in 180 °C heißem Fett goldgelb frittieren, etwas auskühlen lassen und mit einem Tuch vom Stiel lösen.

3. Den Ziegenfrischkäse mit Thymian, Salz, Pfeffer und der Milch verrühren, in einen Spritzbeutel füllen und in die abgekühlten Röllchen dressieren.

4. Mit einem heißen Löffel eine Nocke Sorbet abstechen und die Ziegenfrischkäsestange anlegen.

Limetten-Basilikum-Sorbet

Für 4 Personen

Sorbet
250 ml Limettensaft
265 ml Wasser
120 g Zucker
75 g Glukose
1 Blatt Gelatine
15 große Blätter Basilikum

Limettenchips für die Garnitur
1 Limette
150 ml Läuterzucker

1. Die Gelatine in kaltem Wasser einweichen. Den Limettensaft mit Wasser, Zucker und Glukose aufkochen lassen, die ausgedrückte Gelatine dazugeben und die Sorbetmasse vollständig im Kühlschrank auskühlen lassen. In die Eismaschine füllen und frieren lassen. Kurz bevor das Sorbet fertig ist, den in feine Streifen geschnittenen Basilikum dazugeben. Das Sorbet in eine Schüssel füllen und im Gefrierschrank lagern.

2. Die Limette auf der Aufschnittmaschine so dünn wie möglich schneiden, in einen Vakuumierbeutel legen und mit dem Läuterzucker aufgießen, dann vakuumieren. Dann die Limettenscheiben aus dem Beutel nehmen, auf ein mit Backpapier ausgelegtes Backblech legen und bei 60 °C Ober- und Unterhitze für ca. 4 Stunden im Ofen trocknen.

3. Mit einem heißen Löffel eine Nocke des Sorbets abstechen und mit einem Limettenchip garnieren.

Champagnergranité mit kandiertem Spargel

Für 4 Personen

Champagnergranité
muss 4 Stunden kühlen
750 ml Champagner
90 ml Wasser
150 g Zucker

Kandierter Spargel
3 Stangen weißer Spargel
80 g Zucker
70 ml Wasser
10 ml Zitronensaft

Spargelchips
müssen 6–8 Stunden trocknen
1 dicke Stange weißer Spargel
50 g Zucker
50 ml Wasser
10 ml Zitronensaft

1 Vakuumierbeutel

1. Das Wasser mit Zucker aufkochen, erkalten lassen und den Champagner dazugießen. In eine Auflaufform füllen und für ca. 4 Stunden in den Gefrierschrank stellen. Wenn das Ganze vollständig durchgefroren ist, mit einer Gabel die gefrorene Granitémasse aufkratzen, um die typischen Kristalle zu erhalten.

2. Das Wasser mit dem Zucker aufkochen lassen, dann den Zitronensaft hinzugeben. Den Spargel schälen, die holzigen Enden abschneiden, halbieren und die Hälften nochmals dritteln. Die Spargelstücke in dem Sirup aufkochen lassen und 3 Stunden ziehen lassen.

3. Den Spargel waschen und die holzigen Enden abschneiden. Den Zucker mit dem Wasser aufkochen, danach vollständig auskühlen lassen. Den Spargel so dünn wie möglich auf der Aufschnittmaschine der Länge nach aufschneiden. Die Spargelscheiben in einen Vakuumierbeutel legen und mit dem Läuterzucker und Zitronensaft angießen. Dann auf höchster Stufe vakuumieren. Die Spargelscheiben aus dem Beutel entnehmen, einzeln auf ein mit Backpapier ausgelegtes Backblech legen und bei 60 °C im Backofen ca. 6–8 Stunden trocknen lassen.

4. Die Spargelstücke aus dem Sirup nehmen, abtropfen lassen und gleichmäßig auf 4 Gläser verteilen. Das Granité mit einer Gabel in feine Kristalle schaben, in die Gläser füllen und mit einem Spargelchip garnieren.

Mango-Lassi-Sorbet mit Wassermelone

Für 4 Personen

muss 5 Stunden eingelegt werden

3 vollreife Flugmangos
Saft von 1 Zitrone
80 g Läuterzucker
100 g Naturjoghurt
10 ml Wodka
50 g Glukose
50 ml Wasser
Prise Salz
1 kleine Wassermelone
3 Zweige Thymian
20 ml Zitronensaft
100 ml Läuterzucker

1. Die Mangos schälen und das Fruchtfleisch vom Kern schneiden, dann würfeln und mit dem Zitronensaft, Läuterzucker, Joghurt und Wodka im Mixer fein pürieren. Das Wasser mit Glukose aufkochen und erkalten lassen. Anschließend zu der Masse geben, eine Prise Salz hinzufügen und nochmals mixen. In der Eismaschine gefrieren lassen und im Gefrierschrank lagern.

2. Die Melone schälen, vierteln, die Kerne entfernen und in gleichmäßige, länglich-ovale Schiffchen schneiden. Den Thymian kurz andrücken und in den Läuterzucker einlegen, den Zitronensaft hinzufügen und die Melonenschiffchen für mindestens 5 Stunden darin einlegen. Vor dem Servieren die Melonenschiffchen auf einem Küchenpapier abtropfen lassen.

3. Die Melone auf einem Teller platzieren und das Mango-Lassi-Sorbet darauf anrichten. Mit etwas Minze dekorieren und zügig servieren.

REGISTER

Impressum

Frank Buchholz

Fotografie: Bernd Grundmann (außer: s. 26, Laif/Wegner; S. 28, Terra Vista / Look Foto)
Texte: Ingo Swoboda
Rezepte: Frank Buchholz
Art Director: Eberhard Wolf
Grafik: Julia Wolf, Dennis Schmidt
Projektmanagement: G. Hoffmann, K. Holupirek
Projektleitung: Dirk Rumberg

Litho: JournalMedia GmbH, München
Herstellung: Hermann Weixler, Luitgard Ludwig
Druck und Bindung: Holzhausen Druck & Medien GmbH, Wien

Printed in Austria
ISBN: 978-3-86615-561-9